健康経営は
あなたの会社を強くする！

秋島一雄　大嶋謙一　木村清香　末廣秀樹
仲光和之　宮本　遙　吉崎明彦　和田純子　［著］

税務経理協会

「健康経営は中小企業には待ったなし」——本書執筆のきっかけ——

親愛なる読者の皆様

　この度は，本書「健康経営はあなたの会社を強くする！」をお手に取っていただき，ありがとうございます。

　「健康経営」は，決して医療関係の経費削減のためといった単純なものではなく，企業が生き残っていくためのリスクマネジメントであるということが，中小企業支援の最前線に立つ我々コンサルタントのメンバーが日々感じていることです。本書は，特に人員不足と高齢化が顕著である中小企業にとって喫緊の課題である，という危機意識の下，書き下ろしたものになります。

　本書を執筆する前に，我々が属する中小企業診断士の研究会MPAで，「健康経営」をよりリアルに体験するという意図の下，次のような事例でのグループワークを実施しました。

　『ある製造業のキーパーソン（決裁権の集中している社長・実力のある営業部長・業務管理を一手に引き受けているキャリア女性）が勤務中に倒れ，医者より1～2週間ほど休養が必要と診断される。そこでコンサルタントであるあなたは，どう対応をしますか？』といった状況設定で，5～6名で構成する6つのグループを，キーパーソン別に3つのチームに分け，対応策を考えるといったものでした。（MPA：http://mpa-consul.com/）

　これらのワークを通じて，健康経営の必要性をより身近に，そして現実的なリスクマネジメントといった観点から，企業が健康経営を行っていく意義を，改めて感じる機会となりました。

　中小企業は，慢性的に人員が不足し組織も整備されておらず，その人にしかできないといった属人的な業務が数多く存在します。さらに，高齢化が進み経営者のみならず，働き盛りである職場のキーパーソンは40代から70代，十分な休息や健康へのケアもない中，働き続けているというのが実態です。そのうちもし一人でも倒れたら誰もその代わりができない職場環境で，企業経営をやらざるを得ない状況です。

中小企業が健康経営を導入し実践していくことは，このような脆弱な経営基盤を直視し，いつ起こりえるか分からない大きな業務継続リスクにどのように向き合い，その危険要因を取り除いていくかにほかなりません。そしてそれは明日からではなく，今日からも取り組まなければならないといった緊急性も孕（はら）んでいます。これら目をそむけることのできない現実を，企業の経営や管理を担う方，企業を支援する公的機関やコンサルタントの方に少しでも理解してもらいたいという気持ちで本書を書き上げました。

　本書を通じて，中小企業が少しでも早く健康経営の実践に向けて行動を起こしていただくことを，心より祈念しています。

2018年10月

執筆者一同

目　　次

本書執筆のきっかけ

第1部　社員の健康は，会社の健康

第1章　社員が健康でいることは，企業も社会もうれしい …………1
- Ⅰ　健康を掘り下げる …………………………………………………1
  - 1　健康とは何か …………………………………………………1
  - 2　なぜ，私たちは健康になりたいのか …………………………2
  - 3　それでもみんな健康に関して不安を抱えている ……………3
- Ⅱ　健康状態を維持するための要素は何か …………………………5
  - 1　食　生　活 ……………………………………………………5
  - 2　睡　　　眠 ……………………………………………………6
  - 3　運　　　動 ……………………………………………………7
  - 4　飲　　　酒 ……………………………………………………8
  - 5　喫　　　煙 ……………………………………………………9
  - 6　健康診断などの受診状況 ……………………………………10
- Ⅲ　社員の入院や死亡のリスク ………………………………………11
  - 1　各疾患における入院の可能性 ………………………………11
  - 2　各疾患における死亡の状況 …………………………………13
- Ⅳ　企業が社員の健康に関与する意義 ………………………………15
  - 1　企業が健康経営を実施する意義 ……………………………15
  - 2　健康に投資するという考え方 ………………………………16
- Ⅴ　社会として健康経営を進める意義 ………………………………18
  - 1　労働力（生産年齢人口）の現状と将来の見通し …………18
  - 2　社会保障と財政 ………………………………………………18

第2章　社員が健康な会社は，元気な会社 ………………… 19
　Ⅰ　社員の健康は業績に直結する ………………………………… 19
　　1　健康経営への取組みと会社業績 ………………………… 19
　　2　人材不足は深刻な問題 …………………………………… 21
　　3　健康経営への取組みで経営課題を解決 ………………… 23
　Ⅱ　コストをかけずにできる健康経営 …………………………… 23
　　1　中小企業にとってコスト増は切実な問題 ……………… 23
　　2　中小企業にとってこそ利用価値の高いアウトソーシング …… 24
　　3　助成金はコストを補填してくれる有り難い仕組み …… 26
　　4　公的支援は知らないと使えない ………………………… 27
　Ⅲ　今すぐ効果を発揮する健康経営 ……………………………… 27
　　1　すぐに現れる効果は限定的 ……………………………… 27
　　2　「健康経営優良法人認定制度」と「健康企業宣言」 …… 28
　Ⅳ　会社を長生きさせる健康経営 ………………………………… 30
　Ⅴ　健康経営は未来への投資 ……………………………………… 33

第3章　社長が旗を振る健康経営 ………………………………… 35
　Ⅰ　健康経営推進における関係者の役割 ………………………… 35
　　1　社長の役割 ………………………………………………… 35
　　2　管理職の役割 ……………………………………………… 36
　　3　従業員の役割 ……………………………………………… 36
　Ⅱ　健康経営への参加意欲を高める ……………………………… 36
　　1　組織成立の3要件 ………………………………………… 36
　　2　健康だと仕事のモチベーションが上がる ……………… 37

第4章　健康経営ができる会社は，ＰＤＣＡを回せる会社 ………… 41
　Ⅰ　ＰＤＣＡがうまく回らない …………………………………… 41
　　1　ＰＤＣＡサイクルとは …………………………………… 41

		2	最初ですでにつまづいている ……………………………	42
	Ⅱ	Planのポイント ………………………………………………		43
		1	常に自問自答「何のために」 ……………………………	43
		2	現状の把握と計画の具体化 ………………………………	44
		3	計画達成のイメージはできているか ……………………	44
	Ⅲ	Doのポイント …………………………………………………		45
		1	練った計画が実行されない ………………………………	45
		2	やるべき仕事を整理する …………………………………	46
	Ⅳ	Checkのポイント ……………………………………………		48
		1	大半はP→Dで止まってしまう …………………………	48
		2	大問題と捉えて早くA（改善）につなげる ……………	48
	Ⅴ	Actionのポイント ……………………………………………		49
	Ⅵ	健康経営とＰＤＣＡサイクルの実践例 ……………………		49

第2部　中小企業のための健康経営実践の手引き

第1章　従業員の健康増進のためのコミュニケーション方法 ……… 53

	Ⅰ	長期的な視点で企業風土づくりに着手 ……………………		53
		1	従業員が動いてくれないのはなぜか ……………………	53
		2	変革を実行するための8段階のプロセス ………………	54
		3	組織・人事制度を構築するカギはハーズバーグ理論 ……	55
	Ⅱ	チーム制の運用による健康経営 ……………………………		56
		1	チーム制の理念と機能 ……………………………………	56
		2	チーム制でのコミュニケーション ………………………	57
		3	チーム内でのよいスパイラルが経営戦略にも波及する ……	58
	Ⅲ	有給休暇の充実で生産性が上がる …………………………		58
		1	有給休暇は誰のため ………………………………………	58
		2	意識と仕掛け－管理職の意識改革から従業員の意識改革 ……	59

Ⅳ　全社員の参画意識を醸成する …………………………………… 60

第2章　従業員の健康を保持・増進させるための
　　　　職場環境づくり ………………………………………………… 61
　Ⅰ　従業員がイキイキと働ける「健康経営オフィス」……………… 61
　Ⅱ　健康経営オフィスをつくるための7つの行動 ………………… 62
　　1　快適性を感じる ……………………………………………… 63
　　2　コミュニケーションする …………………………………… 66
　　3　休憩・気分転換する ………………………………………… 67
　　4　体を動かす …………………………………………………… 69
　　5　適切な食行動をとる ………………………………………… 70
　　6　清潔にする …………………………………………………… 70
　　7　健康意識を高める …………………………………………… 70
　Ⅲ　オフィス環境の整備による効果 ………………………………… 71
　Ⅳ　健康経営オフィスで定着率アップ ……………………………… 74

第3章　こころの健康を守って元気な職場の作り方 ………………… 75
　　　　〜職場でのメンタルヘルス対策
　Ⅰ　メンタルヘルスケア ……………………………………………… 76
　　1　メンタルヘルスケアの現状 ………………………………… 76
　　2　メンタルヘルスケアの基本的な考え方 …………………… 76
　Ⅱ　職場におけるメンタルヘルスケア ……………………………… 78
　　1　メンタルヘルスケア推進の表明 …………………………… 78
　　2　衛生委員会等における調査審議 …………………………… 79
　　3　心の健康づくり計画 ………………………………………… 80
　　4　4つのメンタルヘルスケアの推進 ………………………… 81
　　5　メンタルヘルスケアの具体的な進め方 …………………… 84
　　6　メンタルヘルスに関する個人情報の保護への配慮 ……… 86

7　心の健康に関する情報を理由とした
　　　　不利益な取扱いの防止 …………………………………… 87
　Ⅲ　ラインによるケアとしての取組み内容 …………………… 87
　　　1　管理監督者による部下への接し方 ………………………… 87
　　　2　職場環境等の改善を通じたストレスの軽減 ……………… 88
　Ⅳ　職場のいじめ・嫌がらせによるメンタルヘルス不調の防止 …… 91
　　　1　職場のいじめ・嫌がらせ …………………………………… 92
　　　2　職場のいじめ・嫌がらせによるメンタルヘルス不調を
　　　　防止するための取組み ……………………………………… 92
　　　3　職場のいじめ・嫌がらせによるメンタルヘルス不調を
　　　　防止するための留意事項 …………………………………… 93
　Ⅴ　職場復帰における支援 ……………………………………… 94
　　　1　職場復帰の基本的な考え方 ………………………………… 94
　　　2　職場復帰支援の流れ ………………………………………… 94
　　　3　プライバシーの保護 ………………………………………… 98
　　　4　職場復帰支援に関して検討・留意すべきその他の事項 …… 99
　　　5　職場復帰する労働者への心理的な支援 ………………… 101
　Ⅵ　ストレスチェック制度 …………………………………… 101
　　　1　ストレスチェックの概要 ………………………………… 101

第4章　からだの健康増進のための知識と実践の手引き …………… 107
　Ⅰ　健康に関する知識 ………………………………………… 107
　　　1　健康とは，人間らしく生きるための資源 ……………… 108
　　　2　健康の保持・増進の難しさ ……………………………… 108
　Ⅱ　健康の保持・増進のための具体的な行動 ……………… 111
　　　1　生活習慣病 ………………………………………………… 112
　　　2　適正体重をめざして食事をコントロール ……………… 112
　　　3　運動を慣習化する ………………………………………… 114

        4　飲酒は適量を守る …………………………………… 115
        5　喫煙を減らすことと受動喫煙の対策 ………………… 115
    Ⅲ　会社のやることは従業員の健康増進の支援 ……………… 116
        1　会社ができるのは従業員の行動を支援することだけ …… 116
        2　従業員の健康の維持・増進の支援 ……………………… 117
    Ⅳ　健康増進にチャレンジできる体制の作り方 ……………… 118
        1　自社のためのユニークな体制が必要 ………………… 118
        2　成長物語のパターンからみる人の成長を支える要素 ……… 119
        3　従業員の健康増進を支援する体制に必要な役割 ……… 120
    Ⅴ　取組みを継続させるための仕組みの作り方 ……………… 121
        1　記録に手間をかけないことが重要 …………………… 121
        2　健康に関する情報を計測する手段 …………………… 121
        3　健康状態を把握する仕組み …………………………… 122
    Ⅵ　従業員の健康の保持・増進の実践の手引き ……………… 123
        1　健康経営を開始するプロセス ………………………… 123
        2　現場で実行する健康の保持・増進の取組み（PDCA）……… 124

第3部　中小企業でもできる健康経営の現場の声

第1章　中小企業診断士から見る健康経営の現場 …………… 127
　　　　　～横小路八重子先生へのインタビュー～
    Ⅰ　健康経営アドバイザーの活動の原点 ……………………… 127
    Ⅱ　健康経営導入の現場で見えること ………………………… 129
    Ⅲ　中小企業による健康経営への取組みの現場 ……………… 131
    Ⅳ　これから健康経営の支援に入る方へ ……………………… 133

第2章　健康経営実践者の声 …………………………………… 137
　　　　　～日本テクノロジーソリューション㈱ 岡田社長に聞く～
　　Ⅰ　日本テクノロジーソリューション㈱とは ………………………… 137
　　Ⅱ　なぜ健康経営を行うようになったのか ………………………… 142
　　Ⅲ　これからの同社の経営 …………………………………………… 147

第3章　健康経営実践を支える事業者の声 ……………………… 153
　　Ⅰ　デザインで応援する ……………………………………………… 153
　　　　　～FUJIMARU DESIGN STUDIO～
　　Ⅱ　ノルディックウォーキングを普及させる ……………………… 160
　　　　　～田村はり治療院～

第1部 社員の健康は，会社の健康

第1章 社員が健康でいることは，企業も社会もうれしい

　第1章では，健康について掘り下げるとともに，健康を維持するための要素についても具体的に取り上げます。また，健康が損なわれることは労働パフォーマンスの低下に直結するため，個々の従業員の健康への配慮は，企業経営や社会全体にとって重要な課題であることも確認します。

I　健康を掘り下げる

1　健康とは何か

　健康とは何んでしょうか。その捉え方は十人十色です。「病気やけがをしていなければよい」という人もいれば，「元気に活動できなければ健康ではない」という人もいます。また，体だけではなく精神的な健やかさを重視する人もいるでしょう。

　WHO（世界保健機関）憲章では，健康を「肉体的，精神的及び社会的に，完全に良好な状態にあること」と定義しています。つまり，健康とは，病気でないとか体が弱っていないというものを超えて，心身ともに良好な状態にしておくことを指します（図表1）。

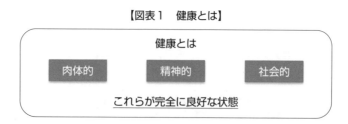

【図表1　健康とは】

　健康について，人々がどのような点を重視しているかを確認しましょう。厚生労働省の「健康意識に関する調査」では，健康状態を判断するにあたり，「病気がないこと」「身体が丈夫なこと」などが上位にあげられ，下位にいくに従い「生きがいを感じること」や「人間関係がうまくいくこと」などが続きます。多くの人が，まずは肉体的な要素を重視し，そのあとに，社会的や精神的な要素を重視している傾向があります。まずは，身体の健康を保つことが優先度の高い取組みと考えられます。

　しかし，身体だけが良好な状態に保たれても，ストレスを強く感じていたり，メンタル面で悩みを抱えていたりと，精神的に問題がある状態では健康であるとはいえません。経営者は，従業員の身体面での配慮はもちろんのこと，精神面まで配慮した健康経営の取組みが大切になります。

2　なぜ，私たちは健康になりたいのか

　心身ともに健康になりたいのは，できるだけ充実した人生を長く楽しみたいからにほかなりません。長く生きるという面では，日本は誰もが知る長寿国になりました。どれだけ長く生きられるかは平均寿命という考え方で測ることができます。しかし，長く生きていても病気や認知症などで制限のある生き方をしているのであれば，充実した人生とはいい難いものがあります。

　一方で，充実した人生の期間を測る考え方に健康寿命があります。健康寿命とは，「健康上の問題で日常生活が制限されることなく，生活できる期間」のことを指します。仕事をしている現役時代に健康でいることはもちろんのこと，平均寿命が延びるなか，引退してからもより人間らしく楽しんで生きられるこ

とが大切です。

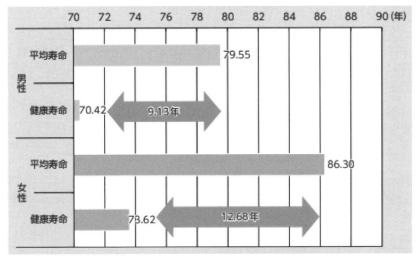

【図表２　健康寿命と平均寿命の差】

資料：平均寿命は，厚生労働省大臣官房統計情報部「平成22年完全生命表」
　　　健康寿命は，厚生労働科学研究費補助金「健康寿命における将来予測と生活習慣病対策の費用対効果に関する研究」

　健康寿命と平均寿命の差は，男女とも10年近くの乖離があります（図表２）。この差が「日常生活に制限のある健康ではない状態」の期間になります。現役時代に健康に気を付けて生活することで，平均寿命を延ばすのはもちろんのこと，健康寿命も延ばすことに繋がり，日常生活に制限なく充実した人生をより長く楽しむことができます。企業においては，現役時代の従業員の健康を維持するための仕組みを考えることはもちろんですが，将来の従業員の生き方や健康状態まで考慮した仕事のやり方や環境整備をしたいものです。

3　それでもみんな健康に関して不安を抱えている

　人々は，自分の健康状態について，どのように捉えているのでしょうか。
　厚生労働省調べでは，健康に関して不安を持つ人は61.1％と，半数以上の人たちが何らかの不安を抱えています。さらに具体的な不安の内容を見てみると，

第1部　社員の健康は，会社の健康

「体力が衰えてきた」「ストレスがたまる・精神的に疲れる」という項目が目立ちます（図表3）。また年代別では，20歳～39歳が「ストレスがたまる・精神的に疲れる」が多く，仕事から受ける精神的な影響が予想されます。

　一方で，40歳以上については「体力が衰えてきた」「持病がある」のスコアが高くなり，身体的な不安が強まる傾向にあります。これらから，企業は健康経営に取り組むにあたって，身体面と精神面の両面に気を配るとともに，年齢に応じた対策が必要になります。

【図表3　健康に関して抱えている不安】

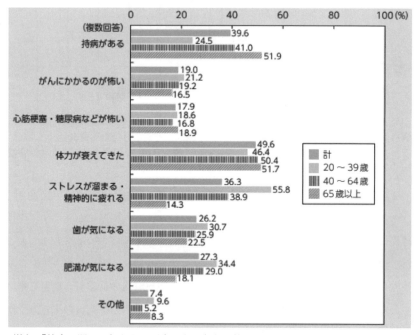

（注）「健康に関して何らかの不安がある」と回答した人に対する質問
資料：厚生労働省政策統括官付政策評価官室委託「健康意識に関する調査」（2014年）

Ⅱ 健康を維持するための要素は何か

健康のために気をつけたいことの調査では,「食生活」「睡眠」「運動」「飲酒」「喫煙」「健康診断」があげられています（図表4）。これらは, 健康を維持するための代表格といえます。

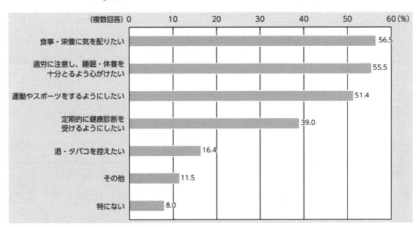

【図表4　健康のために今後気を付けたいこと】

資料：厚生労働省政策統括官付政策評価官室委託「健康意識に関する調査」(2014年)

1　食生活

私たちの体は食べたものが基でできており, 良い食生活を送ることが健康な体を作るために大切です。私たちは取り入れた栄養素をエネルギーに変えたり, 体の古いものを新しく入れ替える代謝の活動をしたりすることで, 生きることができます。

健康を維持するためには, バランスのとれた食生活が不可欠であり, その要素は糖質（炭水化物), 脂質, たんぱく質, ビタミン, ミネラル, 食物繊維の6大栄養素で成り立っています。代謝をスムーズに行うためには, これらの栄養素をバランスよく摂ることが必要で, 具体的には米などの炭水化物や魚介類や肉類, 野菜果物, 乳製品などをそれぞれ適量摂取することが大切です。しか

し，厚生労働省の「国民健康・栄養調査」によると，近年，体重コントロールや循環器系疾患の予防に大切な果物や，良質なたんぱく質を含む魚介類の消費量が減少してきており，日本人の健康を阻害しかねない要因になりつつあります。

　仕事が忙しいあまり，外食が続いたり，栄養バランスの悪い弁当で夕食を済ませたり，また朝食を食べないなど，日々の食生活に影響を及ぼすことがあります。仕事においても生活においても高いパフォーマンスを発揮するためには，6大栄養素をバランスよく摂取する必要があります。健康経営においては，従業員が正しいバランスで食事を摂るように促したり，充分な食事の時間を確保できる環境を整えたりして，従業員の食生活を悪化させないような取組みをすることが大切になります。

2　睡　　眠

　睡眠には，起きている時に働いた交感神経（自律神経の1つ）を休息させる働きがあります。睡眠中に交感神経が十分に休息し，身体の回復を行う副交感神経が働かないと，自律神経の働きに失調が生じて身体の回復ができなくなります。

　日本人の平均睡眠時間は各国に比べて短いといわれますが，20歳以上で睡眠による休息を十分とれていないと感じている人は23％程度おり，40歳～49歳では30％を超えています（図表5）。睡眠不足により自律神経が乱れることでストレス耐性が低くなることから，企業として睡眠を確保し従業員がより高いパフォーマンスを発揮できる環境整備が必要になります。

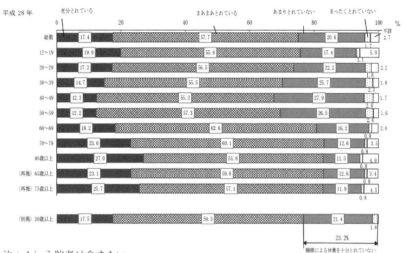

【図表5　年齢階級別にみた休養充足度の割合】

注：1）入院者は含まない。
　　2）熊本県を除いたものである。
　　3）「(別掲)20歳以上」は休養充足度の不詳を除いたものである。
資料：厚生労働省「平成28年国民生活基礎調査の概況」

3　運　動

　健康のためには，適度に体を動かすことが重要です。運動をする人は，しない人に比べて生活習慣病の罹患率や死亡率が低いことが認められていますが（図表6），文部科学省の「体力・スポーツに関する世論調査」によると，実際に運動不足を感じている人が20～59歳の現役世代で8割を超えています。

　運動不足は，生活習慣病のリスクを高めるうえにストレスを解消する機会を少なくするなど，従業員にとって心身ともにリスクを抱える要因になります。健康や体力づくりのための運動は，過度に負荷をかけるのではなく，気軽にできるウォーキングなどでも十分な効果が得られます。

【図表6　歩数と生活習慣病による死亡者数の関係】

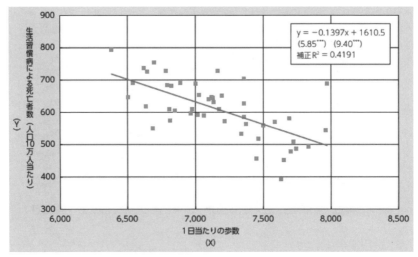

（注）　回帰式の（　）内のt値を，***は１％水準で有意であることを表す。
資料：厚生労働省健康局「国民健康・栄養調査」及び厚生労働省大臣官房統計情報部「人口動態統計」（厚生労働省政策統括官付政策評価官室作成）

4　飲　　酒

　日本人は，男性で６割程度，女性で３割程度が飲酒しています。

　がんや高血圧，脳出血のリスクは，１日平均飲酒量にほぼ比例して上昇するといわれています。厚生労働省は，１日当たりのアルコール摂取量について，男性は40グラム・女性は20グラム以上を生活習慣病のリスクを高める飲酒量であると定義しています。この量は，男性ではビールで中瓶２本・清酒で２合です。

　これに照らすと，生活習慣病のリスクを高める量を飲酒している者の割合は，男性で約15％，女性で約９％になっています（図表７）。

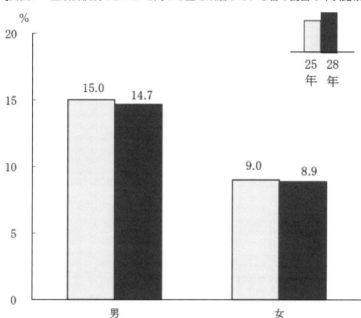

【図表7　生活習慣病のリスクを高める量を飲酒している者の割合の年次比較】

注：1）飲食頻度と飲酒量の不詳を除く。
　　2）平成28年の数値は，熊本県を除いたものである。

「生活習慣病のリスクを高める量を飲酒している者」とは，1日当たりの純アルコール摂取量が，男で40ｇ以上，女20ｇ以上の者とし，以下の方法で算出。
① 男：「毎日×2合以上」＋「週5～6日×2合以上」＋「週3～4日×3合以上」
　　＋「週1～2日×5合以上」＋「月1～3日×5合以上」
② 女：「毎日×1合以上」＋「週5～6日×1合以上」＋「週3～4日×1合以上」
　　＋「週1～2日×3合以上」＋「月1～3日×5合以上」

資料：厚生労働省「平成28年国民生活基礎調査の概況」

5　喫　　煙

　喫煙は，がんや循環器呼吸器疾患の生活習慣病を引き起こす大きな要因となっています（図表8）。厚生労働省によると，喫煙率は，1997年には男性52.7％，女性11.6％に対し，2012年には男性34.1％，女性9.0％になっています。近年，喫煙スペースの減少や禁煙治療の普及により，男性の喫煙率は減少

第1部　社員の健康は，会社の健康

してきています。

【図表8　非喫煙者と比較した喫煙者の死亡率（非喫煙者＝1.0）】

部位	死亡率
喉頭がん	32.5
肺がん	4.5
肝臓がん	3.1
口腔・咽頭がん	3.0
食道がん	2.2
肺気腫	2.2
胃潰瘍	1.9
クモ膜下出血	1.8
虚血性心疾患	1.7
膵臓がん	1.6
膀胱がん	1.6
子宮がん（女）	1.6
胃がん	1.4

資料：国立循環器病研究センターHP「[65]まだ　たばこを吸っているあなたへ」

6　健康診断などの受診状況

　厚生労働省は，2008年から40歳〜74歳の人を対象にして特定健診を開始しました。その背景として，現在，高齢化の急速な進展に伴い，疾病全体に占めるがん，心疾患，脳血管疾患，糖尿用などの生活習慣病の割合が増加傾向であり，死亡原因でも生活習慣病が約6割を占めているからです。健康診断の結果，メタボリックシンドローム等の生活習慣病のリスクの高い人については，改善に向けた特定保健指導を実施しています。

　受診状況は，総数で男性が72％・女性が63％であり，40歳〜74の特定健診対象者は男性75％・女性が67％と総数を上回る結果となっています（図表9）。

　一方，健診を受けなかった人は，「いつでも受診できるから」「時間がとれない」「費用がかかる」などの理由をあげることが多く，企業としては健診を確実に実施するサポート体制が必要になります。

【図表9　性・年齢階級別にみた健診や人間ドックを受けた者の割合】

(単位：％)　　　　　　　　　　　　　　　　　　　　　　　　　　　平成28年

性別	総数	20〜29歳	30〜39	40〜49	50〜59	60〜69	70〜79	80歳以上	(再掲) 40〜74歳
総数	67.3	64.1	65.4	73.5	75.3	67.7	63.5	52.3	71.0
男	72.0	66.8	74.9	79.6	79.9	70.6	64.2	55.0	75.0
女	63.1	61.5	56.2	67.7	71.0	65.1	63.0	50.5	67.3

注：1）入院者は含まない。
　　2）熊本県を除いたものである。
資料：厚生労働省「平成28年国民生活基礎調査の概要」

Ⅲ　社員の入院や死亡のリスク

1　各疾患における入院の可能性

　近年の日本において，医療技術の進展や健康保険の財政圧迫などにより，治療や入院などを取り巻く環境が変わりつつあります。入院のリスクについては，年齢が進むにつれて高まっていきます。20代のうちは低くとどまっているものの，30代で徐々に高まり，働き盛りの40代や管理職として活躍が期待される50代前半になるに従い，入院の確率がさらに増加します。

　傷病別入院については，精神及び行動の障害が一番多く，循環系の疾患や新生物が続きます。循環系疾患については，心筋梗塞などの心疾患や脳梗塞などの脳血管疾患があり，新生物については，がんが代表格です（図表10）。これらの病気は，死亡の可能性が高いばかりか，入院した場合には日数も多くかかり，仕事において長期の休業を余儀なくされてしまいます（図表11）。

　重要なポジションにつく管理職や高度なスキルを持つ従業員が，これらの病気で入院すると，事業への影響は計り知れません。また，人材確保が難しいといわれる中小企業において，従業員が長期に離脱してしまうと，職場運営が困難になってしまいます。

第1部　社員の健康は，会社の健康

【図表10　傷病分類別にみた受療率】

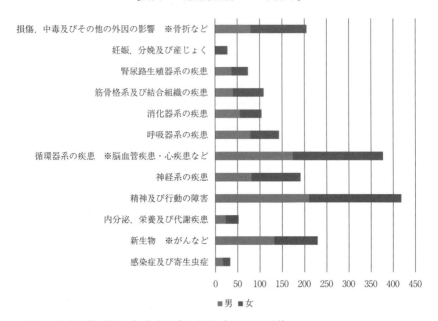

資料：平成26年（2014）患者調査の概要（人口10万対）

【図表11　傷病分類別にみた年齢階層別退院患者の平均在院日数】

主な傷病	総数	男性	女性	0～14歳	15～34歳	35～64歳	65歳以上	75歳以上
全体	31.9	29.8	33.9	8.4	12.0	24.4	41.7	47.6
結核	58.7	61.4	54.5	32.8	40.7	65.2	58.4	58.6
ウィルス肝炎	16.3	13.6	19.2	5.1	12.5	12.5	21.4	38.2
胃の悪性新生物	19.3	17.8	23.2	5.5	12.1	13.9	21.0	25.7
結腸及び直腸の悪性新生物	18.0	17.1	19.2	8.0	10.8	13.5	20.0	24.5
肝及び肝内胆管の悪性新生物	18.8	18.9	18.8	47.8	12.1	15.8	19.3	21.6
気管、気管支及び肺の悪性新生物	20.9	19.0	25.2	10.1	9.8	16.7	22.3	26.9
糖尿病	35.5	27.5	45.4	13.0	14.1	20.0	47.4	65.2
血管性及び詳細不明の認知症	376.5	290.4	439.7	－	231.0	267.5	380.7	383.1
統合失調症等	546.1	630.5	473.8	91.4	93.3	334.1	1,295.8	1,470.9
気分(感情)障害	113.4	113.6	113.3	41.1	45.7	93.7	157.0	161.3
アルツハイマー病	266.3	210.5	300.8	－	－	217.8	267.4	257.6
高血圧性疾患	60.5	29.4	80.5	8.9	11.0	13.8	68.4	83.3
心疾患	20.3	13.8	30.1	30.5	10.2	9.0	23.7	30.5
脳血管疾患	89.5	70.0	112.3	20.7	44.6	46.9	100.7	116.0
肝疾患	25.8	23.7	28.5	9.3	10.7	17.1	33.2	40.7
骨折	37.9	28.9	43.4	5.3	14.4	21.9	47.7	51.9

資料：厚生労働省「平成26年患者調査の概況」をもとに、筆者が作成。

2　各疾患における死亡の状況

　企業にとって、従業員が亡くなることは、事業運営における大きなリスクです。

　日本人の死因上位は、がん・心疾患・肺炎・脳血管疾患が多く、がん（悪性新生物）の死亡者数は著しく増加し、2位の心疾患の約2倍となっています（図表12）。

　がんについては、肺がんと大腸がんが増加傾向にあり、肺がんは喫煙の影響が、大腸がんは食の欧米化の影響が考えられています。

第1部　社員の健康は，会社の健康

【図表12　主な死因別にみた死亡者数の推移】

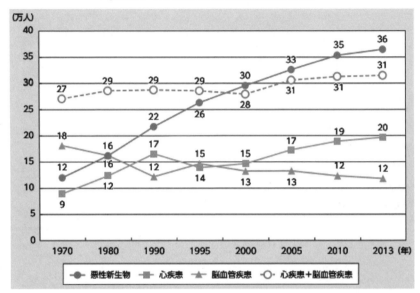

（注）　心疾患は高血圧性を除く。
資料：厚生労働省大臣官房統計情報部「人口動態統計」（2013年は概数）（厚生労働省政策統括官付政策評価官室作成）

　これら疾病による死亡のリスク要因を見てみると，喫煙・高血圧・運動不足などの生活習慣病と関係するものが上位となっています（図表13）。

　これらは，健康経営にあたり，コントロールすべき優先度の高いものであり，コントロールすることで従業員の健康に対して，高い効果が期待できます。

【図表13 リスク要因別の関連死亡者数（2007年）】

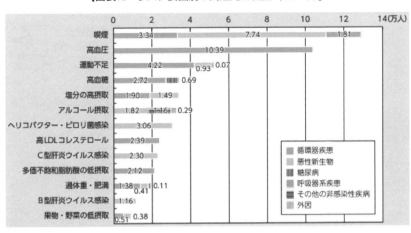

資料：厚生労働省健康局「健康日本21（第2次）」

Ⅳ 企業が社員の健康に関与する意義

1 企業が健康経営を実施する意義

　経済産業省は，健康経営について，次のように述べています。

　　「企業が経営理念に基づき，従業員の健康保持・増進に取り組むことは，従業員の活力向上や生産性の向上等の組織の活性化をもたらし，結果的に業績向上や組織としての価値向上へ繋がることが期待される。」（図表4）

　つまり，企業にとって健康経営の取組みとは，従業員の健康保持・増進の取組みが従業員の能力を高めるとともに，人材の確保や定着を促すといった人材面に着目した「投資」の位置づけが大きいのです。

第1部　社員の健康は，会社の健康

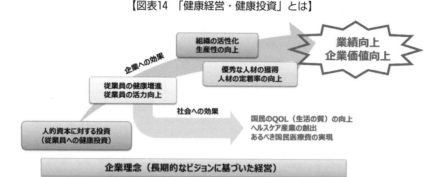

【図表14　「健康経営・健康投資」とは】

資料：経済産業省商務・サービスグループヘルスケア産業課「健康経営の更なる発展に向けて」（平成30年）

　また，健康経営は，人的側面ばかりではなく，対外的なプロモーション活動や企業ブランドの向上にも繋がります。2016年に経済産業省が創設した「健康経営優良法人」は，その代表格です。

　健康経営優良法人認定制度とは，地域の健康課題に即した取組や日本健康会議が進める健康増進の取組みをもとに，特に優良な健康経営を実践している大企業や中小企業等の法人を顕彰する制度です。「従業員の健康管理を経営的な視点で考え，戦略的に取り組んでいる法人」として社会的に評価を受けることができる環境を整備することを目標としています。この制度は，中小規模の企業や医療法人等を対象とした「中小規模法人部門」と，規模の大きい企業や医療法人等を対象とした「大規模法人部門」の2つの部門に分け，それぞれの部門で「健康経営優良法人」を認定しています。

2　健康に投資するという考え方

　企業規模を問わず，従業員は貴重な資産であり，十分に活躍をしてもらうことで，企業の競争力や生産力の源泉になります。

　従業員の健康関連コストでもっとも大きな割合を占めているのが，プレゼンティーイズム（Presenteeism）です（図表15）。プレゼンティーイズムとは，「出勤はしているものの，病気やけがによって生産性が落ちている状態」を指

します。心身ともに健康であれば発揮できる能力に対して，病気やけが等により，通常のパフォーマンスを発揮できない部分をコスト換算したものです。

一方で，アブセンティーイズム（absenteeism）という概念があり，病欠・病気休業により本来企業側が提供されるべき労働が提供されなかった分のコストを指します。

プレゼンティーイズムが従業員の健康関連コストの6割以上を占め，アブセンティーイズムよりもはるかに影響力が大きくなっています。従業員が出社して仕事をしていたとしても，心身共に健康で高いパフォーマンスを維持できているか否かが企業にとっての生産性に影響を及ぼします。つまり，企業として生産性を向上させ企業業績を伸ばすためには，全体の6割以上を占めるプレゼンティーイズムについて，健康経営の取組みで改善していくことが重要です。

【図表15　従業員の健康関連コストの構造】

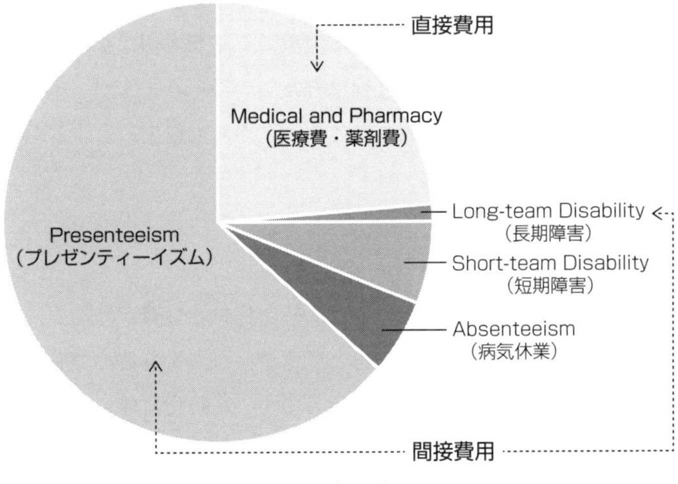

資料：Dee W. Edington and Wayne N. Burton（2003）

V 社会として健康経営を進める意義

1 労働力（生産年齢人口）の現状と将来の見通し

　内閣府によると，日本は2008年に人口のピークを迎え，その後は長期的に減少していく見通しです。一方，高齢者人口は団塊の世代が65歳以上となった2015年に3,387万人となり，2042年に3,935万人でピークを迎えると推計されています。一方では，出生数の減少が続いているという現実もあります。

　団塊の世代という今まで生産をしていた世代が引退をしていくにもかかわらず，新たな生産の担い手である若者世代が増えないことから，生産年齢人口が減少していきます。生産年齢人口を回復するには，少子化対策が必要ではあるものの，出生率の向上は一朝一夕には成し遂げられません。

　つまり，日本は国外から労働力を迎え入れない限りは，できるだけ生産に携わる国民を多く確保する必要があります。その方法の1つは，高齢になっても働けるうちはできるだけ就労できる環境づくりが大切になります。

　定年延長や再雇用などの制度面は普及しつつありますが，それと同時に働く人の健康面の整備が必要であり，この観点からも健康に対する企業の取組みが不可欠といえます。

2 社会保障と財政

　一方で，社会保障に目を向けると，社会保障給付費が増加の一途をたどっています。社会保障費は，年金給付と医療給付が大半を占めており，医療給付とはいわゆる健康保険による給付を指します。高齢化に伴い，医療費も年々増加していることを踏まえると，日本全体として医療費の削減に取り組まなければならない現状が見えてきます。

　医療給付の財源は，労使折半の保険料及び国からの税金で賄われていますが，国民が医療サービスを受ければ，それだけ労使及び国の負担が大きくなります。企業が従業員の健康に関与することで，健康リスクを低減できることとなり，社会保障の財政健全化に繋がります。

第1部 社員の健康は，会社の健康

第2章 社員が健康な会社は，元気な会社

　健康の重要性は，既に認識されている読者の方も多いことでしょう。経営者や経営者を支援する立場の皆さまの関心は，「健康経営が具体的にどのような効果をもたらすのか」「健康経営は業績向上に直結するのか」という点にあるのではないでしょうか。

　第2章では，企業経営，なかでも中小企業経営の現場への活用を念頭に，経営者自身が健康経営に取り組むことの意義や効果について，各種統計調査・アンケート結果等を交えつつ，より具体的に検討します。第Ⅰ節では健康経営と業績の関連性を確認したうえで，第Ⅱ節・第Ⅲ節では短期的な効果，第Ⅳ節では中長期的な効果を取り上げ，第Ⅴ節で本章のまとめをしています。

Ⅰ　社員の健康は業績に直結する

1　健康経営への取組みと会社業績

　経営者にとって，最大の関心事の1つが自社の業績であることは，疑う余地のないところです。「健康経営」についても，「結局，自社の業績に与えるインパクトはどの程度なのか」が気になっている方が多いのではないでしょうか。

　健康経営が声高に叫ばれるようになった昨今，従業員の健康を維持・向上す

第1部 社員の健康は，会社の健康

る活動への取組み度合と企業業績の関連性を調査する試みも出てきています。ここでは，健康経営と企業業績の相関関係について企業規模別に考察した，ニッセイ基礎研究所の調査結果を引用して，中小企業経営にとっての健康経営と業績との相関関係の有無を探っていきます。

中小企業を対象にした，健康増進に対する取組み実施状況と，売上，経常損益，金融機関の貸出態度の各々について，その相関関係を示したものを見てわかるとおり，いずれの指標においても，健康増進に対する取組み状況が積極的な企業のほうが，そうでない企業と比べて良好な値を示しています（図表1）。

【図表1　健康増進に対する取組み実施状況別　売上，経常損益，貸出態度】

【中小企業（従業員数300名以下）】

		【売上「増収」】	【経常損益「増益」】	【貸出態度「積極」】
健康増進に対する考え方	関心上昇(N=1537)	44%*	45%*	57%*
	変化なし等(N=826)	40%	36%	44%
現在実施している取組み	3個以上(N=971)	46%*	46%*	60%*
	3個未満(N=1392)	41%	38%	48%
5年程度継続する取組み	3個以上(N=1671)	44%*	44%*	56%*
	3個未満(N=692)	39%	36%	44%

（注）　値が有意に大きい方に「＊」を付記（5％水準）
資料：ニッセイ基礎研究所「ニッセイ基礎研レポート2016.10.27」

中小企業にとって，健康経営への取組み度合と業績には，一定の相関関係があるといえます。

ただし，注意が必要なのは，相関関係が確認できたとしても，そこにどのような因果関係があるのかないのかまでは，確認できないという点です。健康経営が業績向上に寄与したのではなく，もともと業績が良好で従業員の福利厚生を充実させる余力のある企業だからこそ，健康経営への高水準な取組みが可能になっている可能性もあります。したがって，この調査結果だけをもって，健康経営が業績にもたらす効果について，短絡的な判断を下すことはできません。

ここでは，いったん「健康経営と業績には一定の相関関係がある」「中小企業といえども業績良好な企業は健康経営に積極的に取り組んでいる」ことを示唆する調査結果もあるという認識にとどめて，別の角度から見ていきます。

2　人材不足は深刻な問題

　ひとくちに「健康経営」といっても，その主体となる中小企業が置かれた立場はさまざまです。設立後間もなく，これから成長・拡大を目指す企業と，設立から何十年も経過し安定した業績を維持している企業とでは，人材に対して抱えている課題も自ずと異なってきます。

　そこで，「2017年版中小企業白書」を参照しながら，「成長・拡大」志向の中小企業と，「安定・維持」志向の中小企業が，それぞれ人材面でどのような課題を抱えているかを確認してみます。

　生産年齢人口の減少，大卒予定者や転職者の大企業志向等により，中小企業の人手不足は深刻化しています。中核人材の不足が経営に与える影響を，「成長・拡大志向企業」と「安定・維持志向企業」について見ていくと，複数回答のため，両者に共通する項目も多くなっていますが，結果に開きの出ている項目もあります（図表2）。

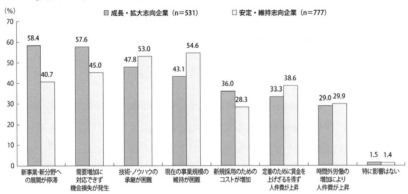

【図表2　事業展開の方針別に見た，中核人材の不足による経営への影響】

(注) 1. 複数回答のため，合計は必ずしも100％にはならない。
　　 2. 全体の人材の過不足として，「中核人材・労働人材共に不足している」，「労働人材は過剰・適正だが中核人材が不足している」と回答した者を集計している。

資料：中小企業庁委託「中小企業・小規模事業者の人材確保・定着等に関する調査」
　　　（2016年11月，みずほ情報総研(株)）

「成長・拡大志向企業」においては，「新事業・新分野への展開が停滞」とする回答が最も多く，次いで「需要増加に対応できず機会損失が発生」とする回答が多くなっています。このことから，「成長・拡大志向企業」においては，人材面での問題は，主に収益機会獲得の成否を左右する性質のものであるといえます。

一方で，「安定・維持志向企業」においては，「現在の事業規模の維持が困難」とする回答が最も多く，次いで「技術・ノウハウの承継が困難」とする回答が多くなっています。このことから，「安定・維持志向企業」においては，人材面での問題は，主に事業規模の維持，ひいては事業存続・事業承継の可否・成否を左右する性質のものであるといえます。

このように，個々の中小企業の置かれたステージによって異なる部分はあるものの，人材不足は，中小企業の将来を左右する重要な問題であることは間違いありません。

3　健康経営への取組みで経営課題を解決

　ここまでの考察から，健康経営への取組みは，短期的な会社業績に効果を発揮する可能性があるだけでなく，会社にとって重要な経営資源である「人材」の確保・活性化を通じて，会社の将来を大きく左右する，経営戦略上の課題であるといえます。

Ⅱ　コストをかけずにできる健康経営

　健康経営という言葉自体は，「健康」＋「経営」の複合語ですが，この後は「経営」の側面に焦点を当てて，具体的な効果について見ていきます。

1　中小企業にとってコスト増は切実な問題

　「健康経営」に限らず，企業が何か新しいことに取り組もうとするときに，最初に気になるのは「コスト」ではないでしょうか。会社規模が小さく，財務基盤が強固とはいえない多くの中小企業にとっては，なおさらです。また，人員規模が小さく，労務管理面に専念できるスタッフを抱えることが難しい点も，中小企業が「健康経営」に取り組むことを躊躇する原因となっています。

　一方で，2017年6月9日に閣議決定された「未来投資戦略2017」では，5つの戦略分野の筆頭に「健康寿命の延伸」を掲げる（図表3）など，健康経営への取組みを国策として支援する動きも出てきています。

【図表3　Society 5.0に向けた戦略分野】

1．健康寿命の延伸
2．移動革命の実現
3．サプライチェーンの次世代化
4．快適なインフラ・まちづくり
5．FinTech

　そこで，中小企業が健康経営に取り組むにあたってのコスト面での問題を解消する手段について，公的な制度・機関等を中心に，「アウトソーシング先として活用できるもの」と「費用の助成として活用できるもの」に分けて紹介し

ます。

2　中小企業にとってこそ利用価値の高いアウトソーシング

　もともと経営資源が潤沢ではないうえに，生産年齢人口が減少するなか，大企業と比べて人材の確保が容易ではない中小企業にとって，多様化する経営課題に適切に対処し，業績を安定させていくためには，アウトソーシングの活用は極めて有効な手段であるといえます。

　「2017年版中小企業白書」において，人材不足企業のアウトソーシングの活用状況と経常利益との関連性を調査したものでは，アウトソーシングを活用している企業ほど，人材不足の中でも順調に業績を伸ばしている傾向にあることがわかります（図表4）。

【図表4　経常利益の実績別に見た，人材不足企業のアウトソーシングの活用状況】

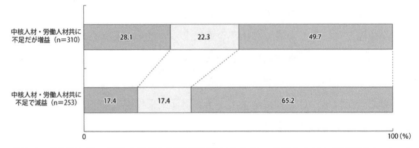

(注) 1．「中核人材・労働人材共に不足だが増益」とは，全体の人材の過不足として，中核人材・労働人材共に不足と回答し，直近3年間の経常利益の実績について増加と回答した者をいう。
　　 2．「中核人材・労働人材共に不足で減益」とは，全体の人材の過不足として，中核人材・労働人材共に不足と回答し，直近3年間の経常利益の実績について減少と回答した者をいう。
　　 3．製造委託・建設工事の委託以外のアウトソーシングの活用状況について集計している。
資料：中小企業庁委託「中小企業・小規模事業者の人材確保・定着等に関する調査」
　　　（2016年11月，みずほ情報総研(株)）

　調査の対象となっている「アウトソーシング」について，有償・無償の区別

はされていませんが、ここでは、中小企業にとって利用しやすい、公共機関が提供する無償・低価格のサービスを中心に紹介します（図表5）。

【図表5　アウトソーシングのサービス】

名　　称	概　　要	主な内容
全国健康保険協会	中小企業などで働く従業員とその家族など、約3,700万人の加入者、180万事業所の事業主からなる日本最大の医療保険者で、本部と47都道府県支部で構成されています。 https://www.kyoukaikenpo.or.jp/	主たる業務は保険運営の企画・保険給付・保健事業ですが、その他、特定健康診査の受診や特定保健指導、健康づくりに関する情報を入手することができます。
都道府県労働局	全国47の都道府県に設置され、下部機関として労働基準監督署、公共職業安定所（ハローワーク）があります。健康づくり制度に関する助成を含んだ人材確保等支援助成金、キャリアアップ助成金などの施策を所管しています。 http://www.mhlw.go.jp/stf/seisakunitsuite/bunya/koyou_roudou/roudoukijun/pref.html	総合労働相談コーナー（主に労働基準監督署に設置）で労務管理などに関する相談（担当部署への取次ぎを含む）が可能です。
産業保健総合支援センター	事業者及び産業医、産業看護職、衛生管理者などの産業保健関係者が行う自主的な産業保健活動を支援するとともに、小規模事業場の事業者及び労働者に対する産業保健サービスの提供を行うことを目的として、全国47の都道府県に設置されています。 https://www.johas.go.jp/shisetsu/tabid/578/default.aspx	産業保健関係者を対象とした研修・相談対応、事業主・労務管理担当者などを対象とした職場の健康問題に関するセミナーの実施や情報提供、小規模事業場の支援として地域窓口（地域産業保健センター）の運営などを行っています。
中央労働災害防止協会	事業主の自主的な労働災害防止活動の促進を通じて、安全衛生の向上を図り、労働災害を絶滅することを目的に設立された公益目的の法人です。「応援します　明日の安全・健康・快適職場」をコーポレートスローガンとして、健康づくり推進に関する様々な事業を展開しています。 http://www.jisha.or.jp/	中小規模事業場の労働災害防止活動の一層の推進の観点から、実施する主要な研修・セミナーや安全衛生技術サービスなどの利用料金を割引するサービスを実施しています。

資料：経済産業省×東京商工会議所「健康経営ハンドブック2016 Vol.1」

この他に、「東京都職域健康促進サポート事業」による健康経営アドバイザーの派遣等、自治体等が独自に取り組んでいる制度もありますので、日頃から情報収集に努めることで、より充実したサービスの提供を受けることができます。

3　助成金はコストを補填してくれる有り難い仕組み

　上記の公的機関等を活用することで、無償で利用できる制度だけでもかなり充実したサービスが受けられることがわかったものの、健康経営に本格的に取り組もうとした際に、無償で提供されているサービスだけではカバーできない部分もあります。そのような時に有効な制度として、各種の助成金があります。

　ここでは、助成金の原則的な概念について確認しておきます。助成金とは、「一定の要件を満たす場合に、実際に支出した経費の一部（例外的に全部の場合もあります）を事後的に補填する」制度のことです。したがって、報奨金のように純粋な収入ではなく、必要経費に対する一部補填という性質があります。要件を満たすための管理は必要ですが、財務体力に余裕のない中小企業にとっては、大変有り難い制度といえます。なお、一部の助成金においては、実費補填ではなく、目標を達成した場合に報奨金的な給付が受けられるものもあり、計画的に健康経営に取り組む企業にとっては、利用価値のあるものとなっています。

　健康経営、労務管理に関連する助成金は、主として厚生労働省の管轄となり、次のようなものがあります。

【図表6　健康経営・労務管理関連の助成金】

名　　称	概　　要	メリット
時間外労働等改善助成金	中小企業・小規模事業者が時間外労働の上限規制等に円滑に対応するため、生産性を高めながら労働時間の短縮等に取り組む事業主に対して助成するものであり、中小企業における労働時間の設定の改善の促進を目的としています。 http://www.mhlw.go.jp/stf/seisakunitsuite/bunya/koyou_roudou/roudoukijun/jikan/	支給対象となる取組みの実施に要した経費の一部について、目標達成状況に応じて支給を受けることができます。

	index.html	
人材確保等支援助成金（雇用管理制度助成コース）	事業主が，雇用管理制度（評価・処遇制度，研修制度，健康づくり制度，メンター制度，短時間正社員制度（保育事業主のみ））の導入等による雇用管理改善を行い，離職率の低下に取り組んだ場合に助成するものです。 http://www.mhlw.go.jp/stf/seisakunitsuite/bunya/0000199292.html	計画に基づき離職率低下目標を達成させることができた場合，一定額の助成を受けることができます。
キャリアアップ助成金（健康診断制度コース）	有期契約労働者等に対し，労働安全衛生法上義務づけられている健康診断以外の一定の健康診断制度を導入し，適用した場合に助成するものです。 http://www.mhlw.go.jp/stf/seisakunitsuite/bunya/koyou_roudou/part_haken/jigyounushi/career.html	制度導入後，一定の実績を上げることにより，一定額の助成を受けることができます。

資料：厚生労働省のホームページをもとに筆者が作成。

4 公的支援は知らないと使えない

　この節では，中小企業が「健康経営」に活用できるものを取り上げましたが，さまざまなサービスや助成金があることに驚かれた方もいるのではないでしょうか。

　これらの制度については，一定の周知活動が行われているものもありますが，知っている企業だけが効果的に活用し，知らない企業は知らないままになっているものも少なくありません。また，多くの制度は国や自治体等の単年度予算により運営されていることから，その内容は年々変化する可能性があります。各種専門家等とも適宜連携を取りながら，各制度の最新情報を収集して，活用できる制度を見逃すことのないように注意しましょう。

Ⅲ　今すぐ効果を発揮する健康経営

1 すぐに現れる効果は限定的

　第Ⅰ節では，「健康経営」への取組みが中小企業にとっても重要な経営課題

の1つであることを理解していただいたと思います。また，第Ⅱ節では，公的機関のサービスや助成金を活用することで，大きなコストをかけずにできる取組みもあることを認識されたのではないでしょうか。ここで，読者の皆様は，「健康経営」の実践に向けて，具体的な準備に取りかかろうという気持ちになっているかもしれません。

　しかし，第Ⅰ節で触れたように，健康経営への取組みが「原因」となって，業績向上という「結果」がもたらされるという明確な因果関係があるのかというと，はっきりとはいい切れないところがあります。

　企業人として「費用対効果」を意識することの重要性をいい続けてこられた経営者又は管理者の皆様にとって，明確な効果が説明できない取組みには，足を踏み出しにくいという気持ちがあったとしても，不思議ではありません。

　実際のところ，健康経営が企業（業績）にもたらす効果は，短期的なものではなく中長期的なものであると捉えたほうが理解しやすく，実態に即しています。中長期的な効果については第Ⅳ節以降で取り上げますが，ここでは，比較的短期間で期待できる効果について，簡単に触れておきます。

2　「健康経営優良法人認定制度」と「健康企業宣言」

　経済産業省では，2017年より「健康経営優良法人認定制度」を実施しています。この制度は「大規模法人部門」と「中小規模法人部門」のそれぞれにおいて健康経営に取り組む優良な法人を認定しており，2018年度の「中小規模法人部門」では，776法人が認定を受けています。

　中小規模法人が認定を受けるには，都道府県にある「健康企業宣言」等に参加したうえで申請を行う必要があります。東京都の場合は，東京健康企業宣言の「銀の認定」を受けた企業のみが申請を行うことができる仕組みとなっています（図表7）。

【図表7 健康経営優良法人認定制度と健康企業宣言（東京）の関係】

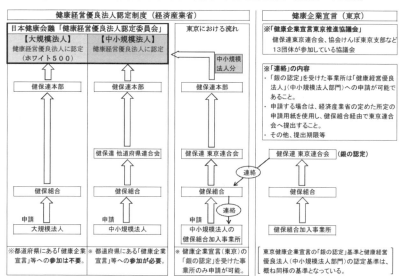

資料：健康保険組合連合会東京連合会ホームページ。

　東京都の例では，「健康企業宣言」にエントリーした段階や「銀の認定」を受けた段階で，資金調達面で各種優遇制度を受けることができます（図表8）。資金需要の旺盛な企業にとって，この優遇制度はわかりやすいメリットの1つといえます。

【図表8 東京都の各種優遇制度】

名　　称	概　　要
みずほ健康アシスト	「健康企業宣言」にエントリーした事業所に対し，東京都中小企業制度融資「政策特別」を活用した資金調達の支援や外部専門機関による健康課題解決のサポートが受けられます。 https://www.kprt.jp/health/pdf/mizuho_leaf.pdf
健康企業応援・ダイバーシティ推進保証制度	「健康企業宣言」にエントリーした事業所に対し，信用保証料率の優遇が受けられます。 http://www.kprt.jp/health/pdf/tokyo_guarantee_leaf.pdf

健康優良企業サポートローン	銀の認定・金の認定を取得し，西武信用金庫の「事業診断」を受けた事業所に対し，事業融資金利の優遇が受けられます。 http://www.kprt.jp/health/pdf/seibu_leaf.pdf

　また，健康経営優良法人として認定を受けた企業は，経済産業省のホームページで企業名が公開され，認定証の交付やロゴマークの使用許可等が得られます。これにより，企業広報や採用活動においても一定の効果が期待できます。

　この認定制度は，健康経営が国をあげての重点課題の1つであり，社会的な注目が高まっていることの現れでもあります。ただし，認定の取得そのものや，短期的なメリットの享受のみを目的とするのではなく，自社が「健康経営」に取り組む意義を常に忘れないようにすることが大切です。

IV　会社を長生きさせる健康経営

　第III節でも触れたように，健康経営が企業業績に短期的に与える影響は限られています。では，企業として健康経営に取り組むことの効果は，どのような形で現れるのでしょうか（図表2，p.22参照）。

　結果については，第I節で確認したとおりですが，ここでは中核人材の不足による影響として，「技術・ノウハウの承継が困難」と回答した企業の割合が「成長・拡大志向企業」で47.8％（回答順位3位），「安定・維持志向企業」で53.0％（回答順位2位）といずれも高くなっている点に着目します。

　人員規模の小さな中小企業にとっては，将来の後継者候補でもある中核人材の不足は，成長機会の逸失に留まらず，企業の存続を危うくする可能性すらあることが伺えます。個々の企業によって多少の違いはあるものの，中核となる人材は，業務経験が豊富で，40歳前後からそれ以上の年齢が多いようです。第I章で触れたとおり，40歳以上になると，身体面での健康への不安が強まる傾向があります。これらの層に対する健康面でのケアは，中核人材のパフォーマンスを上げ，健康上の問題に起因する離脱を防ぐことにつながり，ひいては，

企業の持続的成長を支える効果があると考えられます。

次に，高齢化の進展に伴い，今後も増加が予想されるシニア世代について，「2017年版中小企業白書」において雇用者の年齢構成割合を従業者規模別にグラフ化したものを見てみましょう（図表9）。

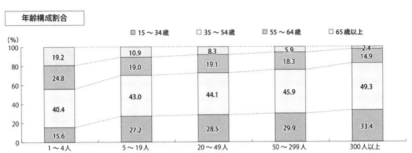

【図表9　従業員規模別に見た，雇用者の年齢構成割合】

（注）1．「雇用者」について集計している。
　　　2．官公庁，その他の法人・団体に雇われている者は除いて集計している。
資料：総務省「平成24年就業構造基本調査」

中小企業でも，特に小規模な企業において，高齢者の割合が高くなっています。雇用情勢の現状等に鑑みると，これは中小企業が積極的に高齢者を活用しているというよりも，若年層の確保や世代交代が難しいために，高齢者に依存して事業を継続しているといった側面があるものです。

いずれにせよ，一般的に加齢とともに身体面での健康に問題を抱える従業員が増えることを考えると，中小企業，特に小規模事業者においては，労働力の確保という観点からも健康経営への取組みは重要であるといえます。

では，40歳未満の比較的若い世代については，どうでしょうか。**第1章**で触れたとおり，この世代については，身体面よりは精神面での問題を抱える層が相対的に多くなっています。この年齢層の従業員は，現時点では幹部人材とまではいえなくとも，会社の長期的な発展を支える貴重な人材であるといえます。一方では，一般的に，この世代は自発的な転職による離職が懸念される世代でもあります。

第1部　社員の健康は，会社の健康

　「2017年版中小企業白書」において，中核人材の採用にあたって求職者が重視した情報についてグラフ化したものを見ると，次のとおりです（図表10）。比較的若い世代ほど，「職場の雰囲気」「仕事と生活の両立への配慮」「福利厚生」といった項目を重視しており，いわゆる「働きやすい職場」を求める傾向が強いことがわかります。

　健康経営への取組みは，40歳未満の比較的若い世代が会社に求める「働きやすさ」を具体化する試みでもあります。したがって，これらの世代の採用数増加や離職防止に効果があるだけでなく，精神面を含めた健康へのケアを通じて，職場環境への満足度を高め，従業員のパフォーマンスを高める効果もあるといえます。

【図表10　中核人材の採用に当たって，中小企業が重点的に伝えた情報と求職者が重視した企業情報】

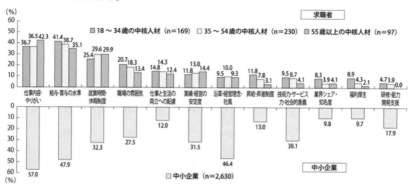

（注）1．複数回答のため，合計は必ずしも100％にはならない。
　　　2．中小企業について，直近3年間で中核人材の採用活動を行った者を集計している。
　　　3．中小企業においては中核人材の採用時に重点的に伝えた自社の情報があるとして回答した項目，求職者においては求職時に重視した企業情報があるとして回答した項目について表示している。
資料：中小企業庁委託「中小企業・小規模事業者の人材確保・定着等に関する調査」
　　　（2016年12月，みずほ情報総研(株)）

V　健康経営は未来への投資

　「健康経営」は，中小企業にとって数ある経営課題の１つに留まらず，最も重要な経営資源である「ヒト」のパフォーマンスを最大化するための，極めて戦略的な側面を持った取組みといえます。したがって，単なる労務管理や福利厚生の一種であるという意識で臨んでしまうと，健康経営の本来の意義を見誤り，せっかくの取組みも実りの少ないものに終わってしまいかねません。

　少子高齢化により生産年齢人口の減少が続くと，中小企業は従来型の人材戦略では採用自体が困難になるうえに，せっかく採用できた人材のパフォーマンスも上がらず，幹部人材が不足していきます。そうなると，高齢となった従業員が健康に問題を抱えながら奮闘する・・・といった，将来展望の描きづらい労働環境となってしまうかもしれませんし，ゆくゆくは企業の存続すら左右しかねない問題になるおそれがあります。

　健康経営の本質とは，企業ひいては私たちが暮らす社会が永続的に発展するために必要となる，未来への投資であるという点を，常に頭の片隅に置いておきましょう。

第1部　社員の健康は，会社の健康

第3章　社長が旗を振る健康経営

　企業が健康経営を推し進めていくには，そのトップである社長が自ら率先して実践しながら，従業員を強力に引っ張っていく必要があります。会社としての本気度を従業員に見せるのです。

　第3章では，これから健康経営を推進していくにあたり，社長や推進担当の管理職が，会社や従業員全体をどのように盛り上げていけばよいのかを見ていきます。

I　健康経営推進における関係者の役割

1　社長の役割

　企業においては，社長の言動が健康経営の推進に大きな影響を与えます。社長の言動は，会社の考えや方向性を表すからです。したがって，社長は「従業員の健康が，組織にとって必要不可欠である」という視点を持ち，それを明確に言葉にして口に出し，従業員に周知することが役割です。

　その第一歩として，経営理念やビジョンへ，健康経営に取り組むことや従業員の健康を重視する姿勢を盛り込むことです。そうすることにより社長の本気度を社内外に示すことができます。

　そして，社長自身が自分の健康に関心を持ち，積極的に健康増進に努めると

ともに，健康づくりが「事業継続の基盤」であり，かかるお金は「投資」であると理解したうえで，経営戦略の一環として取り組むことが重要です。

2　管理職の役割

健康管理を担当する管理職は，社長の考えを受けて，従業員に対して展開する役割を持っています。また具体的な健康課題を見つけ出し，経営の視点を持った改善を進めていく必要があり，PDCAサイクルを回し続ける後押しも重要な役割です。

3　従業員の役割

従業員は企業に対し，健全な労務を提供することが求められています。そのためには自身の健康管理に責任を持ち，積極的に健康増進に努めていく必要があります。

II　健康経営への参加意欲を高める

1　組織成立の3要件

組織が成立し，活性化する要素は，大きく3つあります。経営者であるチェスター・バーナードが提唱した組織成立の3要素と呼ばれるものです。

【図表1　組織成立の3要素】

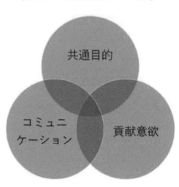

「共通目的」は，組織内で共通の目的を持っているかということです。全員が目指すべきゴールや，あるべき姿がしっかりと明確に定義されていることが重要となります。

「貢献意欲」は，組織内のそれぞれの人が，組織やその目標に向かって協力する意思があるかどうかということです。ゴールに向かった役割分担や人員配置も必要になってきます。

「コミュニケーション」は，組織の中で必要な意思伝達ができているかということです。組織が成立，活性化するには，まずはコミュニケーションが必要です。

健康経営の取組みを社内に展開していく場合は，上記の3点を押さえることができれば，組織として盛り上がりを見せることができると考えられます。

「共通目的」は，健康経営に取り組むことが従業員個人やその家族，会社組織に対してどれだけのメリットがあるかをしっかり理解させ，目指すゴールを全員で共有します。

「貢献意欲」は，健康経営の取組みに必要な作業や役割を，特定の部署の人間だけで行うのではなく，さまざまな従業員に携わらせて，協力体制を構築することで醸成されていきます。

「コミュニケーション」は，健康経営の取組み進捗等を会議体で共有したり，社内報やメール等で社内に配信するなど，健康経営を推進するチーム内だけでなく，チーム外の社員とのコミュニケーションも重要です。

まずは社長が従業員に号令を出し，健康経営推進の方向性を明確にしたうえで上記のような取組みを行うことができれば，会社組織全体が健康経営推進に向けて活性化していくことでしょう。

2　健康だと仕事へのモチベーションが上がる

有名なモチベーション理論の1つに，アメリカの心理学者マズローによる「欲求5段階説」があります。人には5段階の欲求があるというものです。

【図表2　マズローの欲求5段階説】

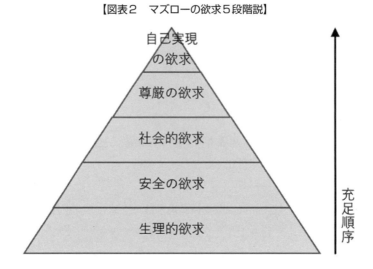

　人は成長したいという欲求（自己実現の欲求）を持っており，このような高次の欲求を持つためには，それよりも低次の欲求をすべて満たしていなければならないとしています。

　最も基本的な欲求は，「食べる，飲む，寝る」などの生きるために必要な欲求や，「安心，安全，健康」などの生活環境に対する欲求のことです。それらの物質的欲求が満たされた後は，仲間や家族，集団への帰属や連帯感を求める社会的欲求を求めるようになります。その後は，他人に認められたい，尊敬されたいという尊厳の欲求（承認欲求）が生まれます。最後には，潜在能力を発揮して満足を得る，自己実現そのものが欲求となる，自己実現の欲求へとつながります。

　これを仕事の場面に置き換えて考えると，最も高次の欲求である「自己実現の欲求」は，自己の成長を実感したい，より高い目標を達成したいという欲求です。高い成果が期待できるという意味では，目指すべき段階であり，高いモチベーションの持続が可能と考えることができます。

　たとえば，ある従業員が健康面で問題がある場合は，低次の欲求である安全の欲求が満たされている状態とはいえず，それより高次の欲求に進むことはあ

りません。つまり会社として健康経営に取り組む，従業員の健康増進に努めるということは，より高次の欲求に引き上げることに繋がり，働く個人，成果を期待する会社の両者とって喜ばしいことです。

　このように，健康経営に取り組むためにいかにしてモチベーション向上を図るかというより，健康経営に取り組むことそのものが，従業員の欲求をより高次へ引き上げ，高いモチベーションを維持できるということに繋がります。

第1部　社員の健康は，会社の健康

第4章　健康経営ができる会社は，ＰＤＣＡを回せる会社

　ビジネスで結果を出すためのマネジメント手法の1つに，ＰＤＣＡサイクルがあります。しかし，このＰＤＣＡサイクルがうまく機能しているという話は，あまり耳にしないのではないでしょうか。これだけ長年にわたり使われている手法である，つまり高い効果を出すことができる手法であるにもかかわらず，使いこなせていないことが多いのは何故なのでしょうか。

　第4章では，ＰＤＣＡサイクルをうまく活用し，健康経営の導入が図れるような各プロセスのポイントについて見ていきます。

I　ＰＤＣＡがうまく回らない

1　ＰＤＣＡサイクルとは

　ＰＤＣＡとはPlan（計画を立てる），Do（実行する），Check（実行内容を評価する），Action（改善する）の頭文字をとって並べたものです。サイクルとは，最後のActionをさらに次のPlanにつなげる，つまり4つの行動を回転させるという意味です。つまり，「計画を立てて実行し，その内容の評価を行い改善する」ということになります。これだけ見ると普通のことで何ら難しいことではありませんが，使いこなせていない場合が非常に多いのです。なぜ，

使いこなせていないのでしょうか。

【図表1　ＰＤＣＡサイクル】

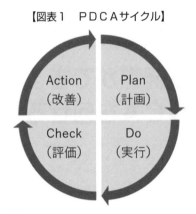

2　最初ですでにつまずいている

「段取り八分，仕事二分」という言葉があります。段取り，つまり準備をしっかり行えば，仕事の8割は完了したのも同然という意味です。ＰＤＣＡサイクルのPlanも同様で，その後のDoに繋がる具体的な行動への落とし込みと，Checkで振り返るための明確なゴール設定が描かれていないと，ＰＤＣＡサイクルを回す準備ができているとはいえず，意味のあるPlanとはなりません。

特にゴール設定が曖昧なケースが多く，「努力する」「検討する」「再構築する」など，取るべき行動の方向性の提示に留まっている場合があります。方向性としては間違っていないものの，何をどうすればその目標を達成したことになるのかがわかりにくくなってしまいます。また表現が抽象的なため，人によって言葉の解釈が異なり，本来の目標に合ったDoに繋がらない可能性もあります。

このように，PlanがＰＤＣＡサイクルをうまく回すための鍵を握っているといっても過言ではありません。第Ⅱ節よりPlanを始め，ＰＤＣＡサイクルで成果を出すためのポイントを述べていきます。

Ⅱ　Planのポイント

1　常に自問自答「何のために」

　計画を立てる時は，本来のねらいとズレないよう注意が必要です。たとえば，「心身ともに健やかでイキイキと働く会社」にすることを目的に，「メタボを解消して健康な身体になる」ことを目標の1つに掲げ，「従業員の食事管理と栄養指導」を計画に定めたとします。計画を実行しようとして身体によい食事管理を徹底するあまり，本人にとって食事そのものが楽しくないものになってしまったとしたら，「心身ともに健やか」という本来の目的から外れてしまうことになります。これがいわゆる「手段の目的化」というもので，目的を達成するために策定された計画（手段）そのものが，達成すべき目的にすり替わってしまっています。

　つまり，目的は「最終的にありたい姿・なりたい姿」，目標は「目的達成のための通過点・指標」，計画は「目標達成の方法・手段」となります。

　計画を立案するときは，「なぜ」「何のために」と自問自答を繰り返し，目的を常に意識することが何よりも重要です。

【図表2　「目的」「目標」「計画」の関係】

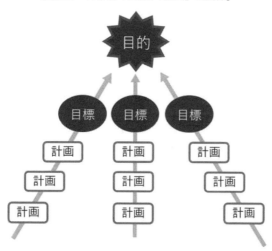

2 現状の把握と計画の具体化

　実際に計画を作る段階になると，タスクリストを作るかのように，やるべきことを次から次へと計画へ落とし込む場合があります。いったんやるべきことを洗い出すという意味ではよいのですが，詰め込みすぎて実際には全部実行できないということがよくあります。したがって，目的達成に必要最低限のものを，必要最低限な量まで絞って計画に盛り込むべきです。

　また，具体的に計画を立てる際は，関係者の現状業務をしっかり確認，把握することが重要です。その関係者は，やらなければならない業務をすでに抱えたうえで，新たな計画に参画することになるため，現実的に処理可能な業務量を計算したうえで，計画を具体化する必要があります。

　健康経営については，これから新たにその取組みを始めようとする企業が多いことでしょう。つまり，健康経営のために，既存業務に新たな業務が追加される人が生まれるわけです。その人の既存業務の量や繁忙期をきちんと把握したうえで，必要最低限な作業量に絞り込み，計画を具体化することができれば，より実行可能性の高い，現実的な計画となるでしょう。

3 計画達成のイメージはできているか

　立てた計画を実行に移す前の最終確認を行います。目標に向けて立てた計画がきちんと達成できそうか，達成するイメージを明確に持てているかがポイントです。どれだけ素晴らしい計画でも，きちんと実行されなければ意味を成しません。また，実行するとしても最後までやり遂げる道筋が見えていない状態では，実行に向けた具体化が不足しているといえます。

　計画の内容を振り返る際は，「誰が」「何を」「いつまでに」「どのように」進めるのか，そこが明確になっているかを確認します。「誰が」と「いつまでに」は担当決めとスケジューリングの問題なので，適切に決まってさえすればよいのですが，「何を」「どのように」の2つは注意が必要です。

　「何を」は，可能な限り細分化しておくことが大切です。たとえば，健康経営に取り組むにあたって，健康診断受診率100％を目標にし，「健康診断受診率

向上プランを立てる」ことを計画に定めたとします。ところが,「プランを立てる」にはいくつかのプロセスがあり,まだまだ細分化が可能です。「現在の受診率の把握」「受診していない理由の調査・分析」「プランを実行することによるデメリットの把握」「プランを上司や役員にプレゼンし承認を得る」など,計画として具体的な実行イメージがつくまで細分化し,それらを計画として設定することが重要です。

「どのように」は,計画を実行していくための方法の話で,上記の例の「調査・分析」の場合は,「対象者に対面でヒアリングする」「メールでアンケートを送る」などということになります。どういった実行方法を取るかという選択は,計画実行にかかる時間や手間,計画実行後のアウトプットの品質を左右することになるため,計画段階で明確化しておく必要があります。

【図表3 「計画」を構成する要素】

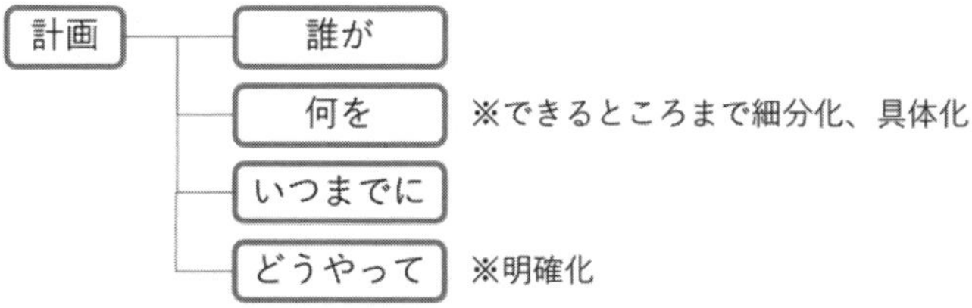

計画 ─┬─ 誰が
　　　├─ 何を　　※できるところまで細分化、具体化
　　　├─ いつまでに
　　　└─ どうやって　※明確化

Ⅲ　Doのポイント

1　練った計画が実行されない

　達成するイメージを持って作成された計画ですが,まずは実行されないと意味がありません。しかし,日常業務に直接的に影響を与えるような計画でない場合には,なかなか実行に移されないことがあります。たとえば健康経営など,今まで取り組んでいなかったことを新たに計画する場合は,特にその傾向は顕著に現れます。その計画を実行しなくても日常業務に影響がなく,会社としての事業運営は変わらず遂行できるからです。

では,計画を確実に実行していくためには,どう対応すればよいのでしょうか。その計画に本気で取り組む姿勢,雰囲気を社内に浸透させる必要があります。具体的には,社長が率先して行動に移すことが求められます。その詳細は**第3章**で触れましたが,「目的」「目標」「計画」が会社の未来に向けていかに重要かを,社長がその身をもって発信し続けることが,計画を実行に移すためのポイントです。

2　やるべき仕事を整理する

いよいよ計画に着手するにあたっては,既存業務を含めて何に注力すべきなのか,何から手を付けるのか,優先順位付けや業務整理が必要になります。業務整理の代表的な手法の1つに,「緊急／重要マトリクス」があります。これからやるべき業務を,4象限にそれぞれ分類してみましょう（図表4）。

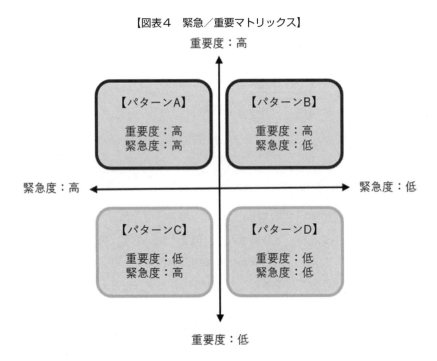

【図表4　緊急／重要マトリクス】

(パターンA：重要かつ緊急)

　　ここに分類された仕事の量が多い方は，タスク管理がうまく行っていないといえます。同じ重要度で緊急度が低いパターンBに分類されているものが，締め切り間近まで完了していないために，パターンAになってしまったと考えられるからです。

(パターンB：重要だが緊急ではない)

　　このパターンにあてはまる仕事を増やしていくことが重要です。自分にとって価値のある仕事でありながら，せっぱつまった時間管理になっていない状態といえるからです。この仕事に積極的に時間を使えるような状態になると，パターンAに移行する仕事が減り，自分の成長や会社の成果につながります。

(パターンC：緊急だが重要ではない)

　　このパターンにあてはまる仕事は，自分にとって価値を生むものではないため，仕事をしている気にはなるものの充実感はなかなか得られません。パターンBに割くべき時間を半減させてしまうことにもなります。

(パターンD：緊急でも重要でもない)

　　このパターンにあてはまる仕事は，まさに時間の浪費になってしまいます。極力ゼロに近づける努力が必要です。

　まずは目の前に締め切りが迫っていて，かつ重要であるパターンAを処理する必要があります。パターンAが片付いた後は，パターンCの仕事の整理・見直しを行って時間を創出し，パターンBの仕事にその時間を活用します。そしてパターンDの仕事は極力なくすという方向性になります。

　健康経営への取組みは，パターンBに該当することになる価値の高い重要な仕事です。他の業務を整理し，効果的に取り組めるようにしましょう。

Ⅳ　Checkのポイント

1　大半はP→Dで止まってしまう

　PDCAサイクルがうまく回っていない場合は，その大半はDo（実行）でサイクルが停止し，Check（評価）に至っていません。第Ⅰ節で少し触れましたが，その理由は，P（計画）の段階でその具体化，作り込みが甘いために，何を評価すべきなのかが明確になっていないからです。

　先の「健康診断受診率向上プランを立てる」という計画設定を例にすると，その目標に至るプロセスを細分化し，計画としての作り込みがされていなければ，何パーセントの進捗なのかも測りようがありません。また，何がうまくいって，何が完了しなかったのかもわからないため，問題点の分析や改善策の検討も困難です。

　逆に，きちんと細分化ができ，計画の作り込みができていれば，進捗や問題点も把握しやすく，的確な改善策の検討が可能になります。つまり，P（計画）の段階でC（評価）がきちんと機能するような内容にしておくことが大事になります。

2　大問題と捉えて早くA（改善）につなげる

　計画と実行結果に差がある場合は，その改善策をなるべく早く検討しなければなりません。たとえば，計画に対する進捗率が95％であった場合で，もし5％程度の遅れなら来月すぐに取り返せると考え，特別な改善策を検討しなかったとします。ところが，翌月が計画達成，つまり進捗率100％である保証はどこにもなく，わずかながらでも計画を下回る月が続いた場合には，気が付いた時には計画と大きくかけ離れた実績しか残せないことになります。

　しっかりと考え込まれた，作り込まれたP（計画）であればなおさら，D（実行）の結果とのズレは大きな問題だと考えるべきです。軌道修正が効くうちに，早め早めの改善策検討が重要です。

Ⅴ　Actionのポイント

　A（改善）では，C（評価）で浮き彫りになった問題点に対して，改善策の検討を進めます。問題点が明らかになっているため，改善策を講じるのは容易な気がしますが，企業風土，組織構造，慣れ，習慣などが妨げとなり，今までとは異なる新たな行動が起こしづらい場合があります。そのような場合は，何のためのPDCA活動であったのか，目的，目標を再度関係者に説明し，周囲を巻き込みながら合意形成を図りましょう。

　改善策がすでに具体的な行動プランとして明確である場合はP→D→C→A→Dとして，再度計画から考え直す場合はP→D→C→A→Pとして，サイクルの2回転目に繋げていきます。

　健康経営に取り組む際には，会社として初めて対応することも多く，どのように進めるべきか答えがわからないこともあります。健康経営導入の目的，目標を決め，PDCAサイクルをしっかり「回す」ことに注力し，スピードを上げて取り組みを磨き上げていけば，方向性も明確になっていくでしょう。

Ⅵ　健康経営とPDCAサイクルの実践例

　ここまでPDCAサイクルの重要性，ポイントを述べましたが，実際に健康経営にPDCAサイクルの考えを取り入れ，成果を出している例を紹介します。

　なお，この内容は，首相官邸ホームページの議事資料（「医療・介護－生活者の暮らしを豊かに」会合第5回の配布資料，花王株式会社提出資料）を引用・参照しています。

【図表5　首相官邸ＨＰ議事資料】

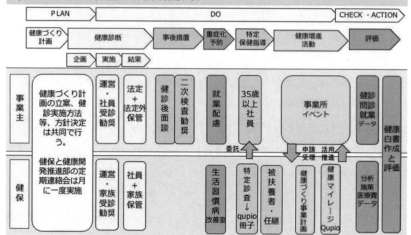

資料：花王株式会社提出資料P.7より抜粋
http://www.kantei.go.jp/jp/singi/keizaisaisei/miraitoshikaigi/suishinkaigo_iryokaigo_dai5/index.html

　図表では，左から右へとＰＤＣＡサイクルが回転しています。注目すべきは，Doの内容が段階を踏んで明確に計画されていることです。おおまかには健康診断，指導をきちんと受けるという内容ですが，受診結果によって事後措置や重症化予防，保健指導へと展開させています。また，従業員が主体的に健康増進を図るためのイベントや，健康保険組合と連動した健康マイレージ（ＱＵＰｉＯポイント：健康づくりの取組みをポイント化し，貯まったポイントで健康グッズと交換可）なども企画されています。

　Checkの段階では，健康増進への取り組み状況と健康診断結果が一覧化され，その成果が一目でわかるようになっています。

【図表6　首相官邸ＨＰ議事資料】

2009年 → 2014年の改善・悪化状況（男性）　　改善：青字　悪化：赤字

	QUPiOポイント参加率　高			QUPiOポイント参加率　低	
	A事業場 160名	B事業場 140名	C事業場 346名	D事業場 250名	E事業場 511名
QUPiOポイント参加率（2014）	99%	81%	90%	42%	47%
タバコを吸わない	-4.6%	-10.9%	-10.9%	-6.5%	-1.1%
1日60分以上歩く	20.5%	-12.2%	5.4%	-2.1%	-5.7%
運動不足と思う	-6.9%	-3.3%	-1.2%	2.0%	0.6%
欠食（週7以上）	-0.7%	2.6%	-1.6%	2.1%	0.0%
朝食抜き（週3以上）	10.4%	-2.1%	-4.9%	2.0%	0.3%
寝る2時間以内食事（週3以上）	-2.4%	-0.8%	-0.2%	3.2%	3.2%
食事バランスを考える	-10.3%	5.8%	9.9%	-1.1%	11.4%
毎日飲酒	-6.1%	-2.0%	4.2%	-3.6%	-4.7%
腹囲所見あり	-1.7%	-4.6%	-3.4%	1.8%	3.6%
メタボ該当者・予備軍	-2.6%	-2.6%	-5.0%	8.5%	1.3%
血圧所見あり	-5.6%	-2.8%	0.9%	16.2%	0.0%
血糖所見あり	-9.9%	-8.8%	0.2%	2.2%	-3.7%
脂質所見あり	-12.0%	1.3%	-10.1%	1.8%	2.9%
2014健康づくり事業実施数（※）	10回	12回	14回	4回	2回
主な取り組み	運動教室、体力測定等	体力測定、食育セミナー等	体力測定、食育セミナー等	体力測定、身体バランス測定等	禁煙・乳がんセミナー

（※）各事業場の産業看護職、健康づくり担当が、事業場の特性に合わせたイベント、セミナー等を企画・実施。

資料：花王株式会社提出資料P.16より抜粋
　　　http://www.kantei.go.jp/jp/singi/keizaisaisei/miraitoshikaigi/suishinkaigo_iryokaigo_dai5/siryou1.pdf

　この一覧表により，ＱＵＰｉＯポイント参加率を上げることが健康増進につながることは明確です。したがって，参加率が低い事業場の参加率をどうやって向上させるのかを考え（Action），次の計画に落とし込むことで，ＰＤＣＡサイクルの2週目がスタートすることになります。

　同社は，経済産業省及び東京証券取引所の「健康経営銘柄」に4年連続，経済産業省と日本健康会議が共同で認定する「健康経営優良法人〜ホワイト500〜」に2年連続で認定されています。まさに健康経営ができる，成果を出すことができている会社は，ＰＤＣＡを回せている会社といえます。

第2部　中小企業のための健康経営実践の手引き

第1章　従業員の健康増進のための
　　　　コミュニケーション方法

　従業員の健康増進は，企業の持続的成長のために必要不可欠です。では，企業は従業員の健康増進のための仕組みを備えていれば，それで問題ないのでしょうか。仕組みが整っていても，企業風土やそれを使う人達の意識が変わらなければ前に進まないことは目に見えています。
　第1章では，仕組みとマインド（企業風土や従業員の意識）の両輪から，従業員の健康増進のためのコミュニケーション方法を考えていきましょう。

I　長期的な視点で企業風土づくりに着手
1　従業員が動いてくれないのはなぜか

　経営者が，一所懸命に従業員に意識改革を促し，さまざまなメッセージを発信しても，「従業員の意識が変わらない」「従業員が動いてくれない」ことは往々にして起こります。これは，多くの中小企業経営者にとって頭の痛い問題ではないでしょうか。また，この問題は健康経営を導入しようとした際にも，起こり得ます。それでは，従業員の意識改革を実現し，従業員が自主的に動いてくれるような組織に変革するには，どうすればよいのでしょうか。
　従業員が動いてくれない原因は，経営者のメッセージがわかりにくいからでも，従業員が怠慢だからでもありません。組織の変革に適切なステップが設定

されていないからです。ハーバードビジネススクールの教授で近年のリーダー論の第一人者であるジョン・P・コッター氏は変革を成功させるには、次の8段階のプロセスが必要だと主張しています。

2　変革を実行するための8段階のプロセス

（準備段階）
① 危機意識を高める
② 変革チームを作る
（行動の決定）
③ 変革のビジョンと戦略を立てる
（アクション）
④ 変革のビジョンを周知徹底する
⑤ 行動しやすい環境を整える
⑥ 短期的な成果を生む
⑦ 更に変革を進める
⑧ 新しい文化を根付かせる

　ジョン・P・コッター氏はこの8段階について、第1段階から順を追って進めることが重要で、途中のプロセスを飛ばしてはいけないと強調しています。変革を行うリーダーは、このプロセスを安易にスキップすることなく、適切に踏襲していくことが求められるのです。

　とりわけ初期の準備段階は、とても重要です。組織変革が失敗したケースのほとんどは、その準備段階が不十分であったとコッター氏は主張しています。

　特に、健康経営に関しては「従来発想では立ちいかなくなる」という危機意識を経営者が認識することが不可欠です。本書では、**第1部第1章**にて「①危機意識を高める」について、詳細を記載しています。また、本章では、⑥以降のアクションのプロセスを進めるための具体的な取組みを紹介します。これらのプロセスを順に進め、「⑧　新しい文化を根付かせる」ことができた時に

企業風土づくりが成功したということができます。一朝一夕に成し遂げられることではありませんが，持続的な企業の成長のため長期的な視点で取り組むべき課題です。経営者の皆さまにとって当たり前のことのように見えるかもしれませんが，健康経営を始めとするさまざまな施策において念頭に置いていただきたいことの1つです。

3　組織・人事制度を構築するカギはハーズバーグ理論

それでは，変革を進めるためには，具体的にどのような組織・人事制度の構築が必要なのでしょうか。上記8段階のプロセスに沿って，従業員が危機意識を共有し，同じベクトルに向かってモチベーションを高めるような目標を立てることができれば，組織は変革していきます。ただし，どれほど立派な戦略を構築しても，それを実行するのは人です。したがって，人々のモチベーションを上げ，ロイヤリティを高めることが重要です。

ここでは，モチベーション理論の第一人者のハーズバーグの考え方が参考になります。ハーズバーグは，人間には「動機づけ要因」と「衛生要因」という2種類の欲求があると定義しています。

「動機づけ要因」は，なくても不満はないが経験すると一層満足を得る欲求であることから「満足要因」ともいわれています。一方，「衛生要因」は，なければ不満であるがあったとしても満足には至らないことから「不満要因」といわれています。

動機づけ要因の例 （満足要因）	従業員の積極的態度を引き出すもの	達成感，承認，仕事そのもの，仕事への責任，昇進など
衛生要因の例 （不満要因）	従業員の積極的態度を引き出すのに効果がないもの	会社の方針，上司の監督，最低限の給与，労働条件，作業環境など

従業員のモチベーションを上げ，ロイヤリティを高めるためには，衛生要因が常に一定水準で保たれている状況下で，動機づけ要因を積極的に改善していく必要があります。

したがって，まずは会社の組織・人事制度を振り返って棚卸し，「動機づけ

要因」や「衛生要因」に該当するものを整理してみることが必要です。これによって，組織変革の鍵を見つけられる可能性があります。また，意外な制度のほころびが浮かび上がる可能性も高いです。

　動機づけ要因を積極的に改善する具体的方法としては，職務充実（ジョブエンリッチメント）があげられます。職務充実とは，仕事の責任や権限の範囲を拡大して，仕事そのものを質的に充実させて仕事の幅を広げようとする方法で，いわゆる職務の質的垂直拡大といえます。

　それでは，健康経営の施策をこの動機づけ要因・衛生要因の考え方で切り分けてみるとどうなるでしょうか。たとえば，①自社の健康経営の施策が，労働条件の1つとして「年に一度は健康診断を受ける」であり，「有給休暇を何日まで取得することができる」であれば，これは衛生要因であり，従業員のモチベーションが上がることはありません。しかし，②「年に一度の健康診断受診を全社の目標に設定し，従業員本人やその上司個人目標に設定する。達成時には評価される」や，同様に「有給休暇の取得日数を目標化し，評価対象とする」ことを行えば，これらは動機づけ要因となり，従業員の積極的な態度を引き出すことができる可能性が高くなります。

　この2つの例でどちらが企業にとって有効な施策であるかは一目瞭然だと思います。後者の例は，動機づけ要因として従業員のモチベーションを上げながら，変革を実行するための8段階のプロセスのアクション（「④　変革のビジョンを周知徹底する」以降）を実現する流れができています。

Ⅱ　チーム制の運用による健康経営

1　チーム制の理念と機能

　第Ⅰ節では，企業の変革には従業員一人一人の意識改革と行動が必要だとして，長期的な視点での企業風土づくりと組織・人事体制について提唱しました。

　第Ⅱ節では，組織体制の具体的な例としてチーム制の導入について考えていきます。

チーム制の機能としては，次の３つがあげられます。
① 協働の場……プロジェクトチーム，生産性の追求により仕事の成果を出す
② 成長の場……仕事と交流を通じ，お互いに刺激し合い切磋琢磨して自己研鑽に繋がる
③ 帰属の場……自分の存在が認められる，理解者がいる，本音が出せる，安らぎを感じるなど，自分の居場所としてのコミュニティの存在

健康経営の実現においては，チーム制の運用が適しています。これは，健康経営推進チームとしての制度に加えて，会社全体の業務においても同様です。健康経営の本質とは，経営者や従業員同士がお互いの健康を思いやり，健康を維持しながら企業の生産性を上げることだからです。

このような状態を作りだすためには，互いをよく知り理解することや互いを補完し合うことが必要であり，これにはチーム制が最適です。

2　チーム制でのコミュニケーション

たとえば，チーム制でのコミュニケーションの１つとして「日報」を採り上げてみます。毎日の業務終了後，全従業員が日報を作成し，チーム内で共有するというシステムです。「日報」というと，日々の業務報告を想像されるかもしれませんが，記載する内容は「自分の考え・思い」「改善提案」「問題意識」「困っていること」「懸念点」など，何でもよいことにします。

この日報の目的は，チーム内でのコミュニケーションです。コミュニケーションを取ることにより，更に帰属意識も高められます。従業員が普段思っていてもなかなか口にできない思いを，定型化・ルール化された日報の中ではアウトプットできるという効果もあります。ただし，その日報自体が従業員の負担になってしまっては元も子もないので，簡単な枠組みを作り毎日３～５分程度の時間で日報を入力するとのルールを設けるとよいです。

また，内容によっては特定の個人に見られたくないものも含まれることが想

定されますので，その際の救済措置として，個別の相談窓口として何人かの上司を設定しておくことが有効です。

3 チーム内でのよいスパイラルが経営戦略にも波及する

　メンバーとの絆は，チームワークを生み，お互いに貢献し，感謝し合う関係が構築できれば，従業員の満足度が高まり，生産性も上がります。これはチーム内に期待されるよいスパイラルです。

　たとえば，誰しも体調不良で仕事を休むことや早く退社することはありますし，また自身の体調不良でなくても，家族の状況によって，休暇・早退を取らざるを得ない状況も考えられます。大抵の会社では，上司に状況を報告してことが進むのではないでしょうか。しかし，周囲の同僚は状況を知らないままで，休暇や早退の理由を詮索することもできず不満を抱えてしまうことがあります。

　チーム制は，少人数の組織なので情報共有がスムーズなのが利点です。2で触れた「日報」などを活用し情報共有を活発化することで，相互理解が深まり協力体制ができあがることでチームの生産性の向上が見込まれます。また，チームメンバーの意見を日々共有することで，小さな気付きのタネが組み合わさり，イノベーションの源泉が発掘されることも大いに考えられます。同時に，チーム制は人間力を高め（人材育成），企業風土を変革させ，それによりCS向上を成し得ていくためのマネジメントシステムでもあります。

Ⅲ　有給休暇の充実で生産性が上がる

1　有給休暇は誰のため

　「有給休暇100％取得」との大方針を掲げても，それを実現できる企業はどの程度あるのでしょう。実際に現場で働く従業員の方に質問すると，実感として「そのようなことは不可能だ」との意見が多いのではないでしょうか。また，無理やりに有給休暇取得を推進したところで，その穴埋めに残された従業員の負担が増加し，休暇を取得するために結果として前後の残業時間が増えるなど

の苦難が生じるという事態にもなりかねません。

しかし、そのような中でも「正しいことに取り組んでいる」との考えのもと、有給休暇を正当に取得することを推進し、その方針を粘り強く徹底することで、方針はやがて定着し、更に生産性が上がると筆者は考えます。

2 意識と仕掛け―管理職の意識改革から従業員の意識改革

具体的な取組みとして、まずは管理職の意識改革を行うことが必要です。その仕掛けとして、管理職の仕事として「部下に有給休暇を取らせる」ことを課します。たとえば、管理職の評価項目に「部下に有給休暇を取得させた割合」を設定するのも1つです。

しかし、これだけでは前述のように、無理やり有給休暇を取得する人は増えるものの、本人もしくは第三者の負担が増加し、結局不満が生じる可能性があります。

そこで、次に、従業員の意識改革が必要です。従業員一人一人が業務上の工夫を積み重ね、それに取り組む人数が増える等の「業務に対する心掛け」が変化することで、全体として大幅な業務効率化を実現することができます。

また、「そのような業務改善の事例を自分が思い付きたい」と意識させることで、業務効率化は加速度的に進んでいきます。その端的な例が、社内表彰制度です。時間短縮・効率化に向け、改善提案を出した従業員や技術を向上させた従業員、またそれに取り組む職場・チームを表彰し、各職場でお手本や憧れとなる従業員、見本となるチームが誕生することで、従業員同士だけでなく職場間での競争意識も芽生え、さらによい効果を生みます。従業員一人一人の意識や自覚を芽生えさせること、会社全体で1つの明確な目標に向かって盛り上がることで、一見不可能だと思われた目標を難なく達成できるということが起こります。

Ⅳ　全従業員の参画意識を醸成する

　この章で述べてきた「企業風土づくり」「チーム制の運用」「有給休暇の充実」には，どれも全従業員の参画意識が不可欠です。少しでも不満要素，不安要素，不透明感，不公平感などがあると，従業員の数名から端を発し全体に広がってしまい，施策はうまくいかなくなります。ポイントは，不満要素，不安要素，不透明感，不公平感を醸成しないことです。

　そのためには，「目的を明確に伝える」「定量的な目標を設定するだけでなく，実現方法を具体的にイメージできるよう過程を示す」「段階的に目標を上げていく（初めから高すぎる目標だけを設定しない）」「一部の従業員だけにメリットがあるような目標を設定しない」などがあげられます。全従業員が小さな達成感を感じられるような目標を掲げ続け，参画意識を醸成することが大きな成功への着実なステップとなります。

第2部　中小企業のための健康経営実践の手引き

第2章　従業員の健康を保持・増進させるための職場環境づくり

　企業が健康経営に取り組んだものの，その取組みを継続できなければ，無駄なコストと時間を費やしただけで終わってしまいます。企業は，健康経営を継続させるための職場づくりを行う必要があります。

　第2章では，従業員の健康を保持・増進させるための職場づくりについて紹介します。

Ⅰ　従業員がイキイキと働ける「健康経営オフィス」

　毎日同じ職場に出社し，上司や部下とコミュニケーションをとりながら仕事を行うことは，やりがいがある一方でストレスが溜まることもあります。そこで，会社としては従業員が快適に過ごしながら仕事をして生産性を上げられるように，身体も心も健康でイキイキと働ける職場環境づくりが必要です。

　経済産業省では，従業員がイキイキと働けるオフィス環境の普及に向けて，健康経営オフィスとは，「健康を保持・増進する行動を誘発することで，働く人の心身の調和と活力の向上を図り，一人一人がパフォーマンスを最大限に発揮できる場」(「健康経営オフィスレポート」)と定義しています。

　社内に「健康オフィス」をつくることで，従業員は自身の病気を予防できるだけでなく，身体は元気に，心はイキイキとした状態で仕事ができるようにな

ります。結果，一人一人の仕事の生産性向上が会社全体の生産性向上に繋がり，企業は従業員という投資に対する効果を最大限享受することが期待できます。

II 健康経営オフィスをつくるための7つの行動

社内に「健康経営オフィス」をつくるには，具体的にどのような行動を取り入れたらよいのでしょうか。

経済産業省「健康経営オフィスレポート」によると，オフィス環境において従業員の健康を保持・増進する行動として，大きく分けて次の7つをあげています。

```
1  快適性を感じる
2  コミュニケーションする
3  休憩・気分転換する
4  体を動かす
5  適切な食行動をとる
6  清潔にする
7  健康意識を高める
```

これらの行動に取り組むことで，次の健康問題に対する健康増進効果が期待できます。

【図表1　健康問題と主な症状・指標】

健康問題	主な症状・指標
運動器・感覚器障害	頭痛，腰痛，肩こり，眼精疲労
メンタルヘルス不調	メンタルストレス，ワーク・エンゲイジメント(働きがい)，うつ病
心身症	動悸・息切れ，胃腸の不調，食欲不振，便秘・下痢（心身症のうち，ストレス性の内科疾患）
生活習慣病	肥満，糖尿病，高血圧，高脂血症，脳卒中，心臓病
感染症・アレルギー	風邪，インフルエンザ，花粉症，その他アレルギー

資料：経済産業省「健康経営オフィスレポート」

【図表2　健康を保持・増進する7つの行動】

資料：経済産業省「健康経営オフィスレポート」

1　快適性を感じる

オフィスで快適性を感じるための取組みの具体例をあげます。

(1)　姿勢を正す

自分の身体に合っていない高さの机や椅子を使用し，背中が丸まった状態で長い時間デスクワークをしていると，疲れやすくなり，内蔵にも負担が生じます。

健康を維持するためには，自分の身体に合った机や椅子の高さに調整し，背

筋を伸ばしてデスクワークを行うようにします。

　デスクの近くに便利グッズを置いておくのもよい方法です。腰痛持ちの場合はクッションを椅子に敷いたり，足がむくみやすい人はフットレスト（足置き台）を足下に置いて足を乗せたりすることで，デスクワークによる身体への負担を和らげることができます。

フットレスト（足置き台）

資料：エルゴノミクスショップ　ホームページ

(2) 空気質を快適と感じる

　労働安全衛生法によると，「事務所は，空気調和設備を設けている場合は，室の気温が17度以上28度以下及び相対湿度が40％以上70％以下になるように努めなければならない」（事務所衛生基準規則5条3項）とされています。つまり，快適なオフィスにするためには，温度だけでなく湿度の管理も重要です。

　暑いと感じたり寒いと感じたりするオフィスで仕事をしていると，体調に支障が出るとともに，仕事への集中力低下に繋がります。また，湿度が高いとジメジメとした蒸し暑さによる不快感があり，湿度が低いと乾燥肌，ドライアイ，のどの痛みに悩まされます。

　同じ室内でも，デスクの場所によっても空調が異なります。部屋が広い場合

は，離れた数か所に温度計・湿度計を設置し，定期的に温度・湿度管理を行うことが大切です。デスクがエアコン直下で寒い場合はエアコンに風除けカバーをつける，部屋の奥に空調が流れにくい場合は送風機を置くなどの対策を行います。

(3) 光を快適と感じる

職場に，夜の残業で部屋の照明をつけずにパソコンの明かりだけで仕事をしていると，視力低下の原因となります。また，パソコンのモニターに室内の照明や太陽の光が差し込んだ状態でパソコン作業を続けると，目を痛めることになります。

パソコンのモニターに室内の照明や太陽の光が差し込んで眩しい時は，天井に格子状のカバーがついたルーバー照明をつける，パソコンのモニターに保護フィルムを貼る，ブラインドを下げる等により，モニターに光が映り込まないようにします。

ルーバー照明

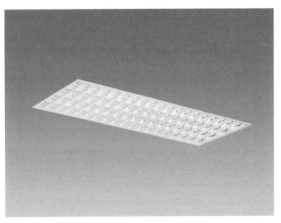

資料：三菱電機(株) ホームページ

(4) においを快適と感じる

職場では，においが気になる人もいるでしょう。においの例として，掃除が行き届いていないエアコンから出るにおい，喫煙休憩からデスクに戻ってきた

時のタバコのにおい、香水の付け過ぎによるにおい、口臭、汗による体臭等があります。

においに関する問題はデリケートであるため、なかなか本人に伝えにくいものです。しかし、放置しておくと臭いが気になる従業員は業務に集中できず、仕事の効率が悪くなります。

したがって、エアコンの定期的な掃除、オフィス出入口での消臭スプレー設置、においに対する全従業員への周知等、オフィスのにおい対策に取り組むことで、従業員が快適に過ごせる環境づくりを行うことが大切です。

(5) パーソナルスペースを快適と感じる

人間は自分と他人との間に一定の距離をとることで、快適な空間を保とうとしています。この空間のことを「パーソナルスペース」といいます。親密度、男女や性格の違いによって、快適と感じる距離感は個人で異なります。

オフィスでは広さには限りがあるため、その中で各従業員の机や書類棚を配置することになります。その際、上司または同僚との席が近過ぎると、気になって仕事に集中しにくくなり、席が遠過ぎると、コミュニケーションがとりにくくなります。

快適に仕事を行うためには、適度の距離感があることが大切です。快適なパーソナルスペースをつくるためには、オフィスのレイアウトを見直してみましょう。

2 コミュニケーションする

健康を保持・増進するコミュニケーションの具体例をあげます。

(1) 挨拶する

挨拶は、一番簡単にできるコミュニケーションです。挨拶は、相手の存在を認識したことを意思表示するとともに、自分の存在を相手に伝える手段です。挨拶は、気軽に会話ができる雰囲気をつくります。

(2) 気軽に話す

仕事で困っている時や手伝ってほしい時に、声をかけて協力してもらうには、

信頼関係をつくっておくことが大事です。そのためには，仕事の合間や休憩室等で，相手の良いところを見つけて褒めたり，自分の得意分野，苦手分野を自分から話したりして，普段から気軽に同僚たちと話すことです。

(3) 他の人の業務内容を知る

部内で同僚が仕事をしている様子を観察したり，部署を超えた勉強会を開催して他部署の業務や取り組み内容を学んだりすることは，自分の仕事以外の仕事の理解を深めることができます。仕事の流れを把握することで，生産性の高い業務の遂行へ繋げることができます。

(4) 共同で作業する

従業員同士が共通の目的に向かって共同で作業することは，お互いの距離感を縮めるきっかけとなり，円滑なコミュニケーションの促進に繋がります。

(5) 感謝する，感謝される

会社組織では，仕事は分担作業です。組織にいる従業員は，相手の立場に立って物事を考え，助け合いながら仕事を進めていきます。体調不良で会社を休んで誰かに代わりに仕事を進めてもらった場合は，感謝を忘れないことが大事です。反対に，相手を助ける場合は，評価や見返りを気にせずに相手を助けます。

助け合いながら仕事をして，お互いに感謝し，感謝されることは，気持ちよく業務を行うために必要なコミュニケーションです。

3 休憩・気分転換する

健康経営を実現するには，オフィスに休憩する場所や気分転換する時間が必要です。取組みみの具体例をあげます。

(1) 飲食や雑談をする

休憩中は，お菓子を食べたりお茶を飲んだりしながら同僚と雑談して，リラックスすることが大事です。ストレスを溜め込まずに，適度に息抜きをするように心掛けます。

飲食物を販売しているコンビニ店等と会社との距離が遠い場合には，菓子を

置けるBOX，アイスクリームを常備できる冷蔵庫，冷たいジュースを常備できる冷蔵庫を無償貸与し，小腹が空いた時にその菓子等を購入できる，菓子メーカーのサービスを利用する方法もあります。

(2) 仮眠する

　昼休みや休憩時間に20分程度の仮眠をすることで，脳や体の疲労を回復させ，午後の仕事での集中力を高めて，作業効率化を図ることができます。

　筆者が睡眠に関して過去に取材した企業の事例を紹介します。埼玉県にあるリフォーム会社・株式会社OKUTAでは，「パワーナップ」という昼寝制度を採用しています。制度として社内で認めているので，仮眠の間に電話がかかってきても，周りの従業員が電話対応します。生産性の向上，健康への配慮，時間管理の責任感を高めることを目的としています。制度採用後，眠りに対するストレスがなくなったり，経理等数字を扱う従業員はケアレスミスが大幅に減ったりしたという効果が出ています。

(3) 休憩中にインターネットや音楽を視聴する

　休憩中にパソコンでインターネットを見たり，スマートフォンで音楽を視聴したりすることで，心身ともにリラックスできます。特に，波の音や小川のせせらぎの音には，心を癒す効果があります。

(4) 机の周りを整理整頓する

　休憩時間に机の上や引き出しの整理整頓をすることは，気分転換になります。また，机にあるものを整理整頓することにより，脳が処理する情報も整理整頓できます。これにより，脳へのストレスが減るので，仕事への集中力を高めることができます。

(5) マッサージを受ける

　疲れによる肩や腰のコリをほぐすために，マッサージを受けるのも効果的です。

　経済産業省「健康経営オフィスレポート」によると，健康経営優良法人2018に認定されたSCSK株式会社では，デスクワーク業務で肩こりや腰痛に悩む従業員が業務効率の向上を図れるように，社内にリラクゼーションルームを開

設しています。当社では，国家資格「あん摩マッサージ指圧師免許」を持つ専属スタッフがマッサージを行っています。

4　体を動かす

デスクワークで長時間座ったまま過ごしていると，足の血流が悪くなって，下半身がだるくなります。血流の滞りを改善するには，仕事の合間に運動できる職場環境をつくり，意識して身体を動かすことが大事です。取組みの具体例をあげます。

(1)　立ち上がって適度に歩き回る

仕事の区切りがついたら，椅子から立ち上がって適度にオフィス内を歩き回ることをお勧めします。適度に歩き回ると，ふくらはぎが伸縮を繰り返すので，血流ポンプの働きをして血流がよくなります。

(2)　ストレッチ体操を行う

ストレッチ体操を行うことは，肩や腰，手足のコリをほぐし，血流の滞りを防ぐことに繋がります。

第3部で紹介するデザイン事務所，FUJIMARU DESIGN STUDIOは，高齢者でも気軽に運動ができる運動家具「Daily Tempo」を企画・開発しました（P.156）。この運動家具は，コミュニケーションを取りながらストレッチ・エクササイズができるコミュニケーション・ステップ，手すり付きで安心にふくらはぎを伸縮できるストレッチスタンド，座りながら背伸ばしやひねり動作を行えるロールベンチ，この3つのアイテムから成っており，オフィスにいる従業員が仕事の合間にストレッチするのにも使えます。

(3)　健康器具を利用する

オフィスで簡単な運動ができるように，バランスボール，ヨガマット，トレーニングチューブ等，いくつかの健康器具を休憩室に用意しておくのも効果的です。

バランスボールに座って骨盤を前後に動かすことで骨盤の位置を調整できたり，座った状態を維持することで体幹が鍛えられたりします。

5 適切な食行動をとる

　健康な身体を保持するためには，従業員が間食や昼食の採り方を工夫し，適切な食行動をとれる職場環境づくりが大事です。これにより，生活習慣病の予防・改善に繋がります。

　経済産業省「健康経営オフィスレポート」によると，株式会社パソナグループでは，昼だけでなく夜も食堂を営業しており，社内で栽培した野菜を食べ放題で提供しています。この取組みは，食生活が偏りやすい若手男性従業員の食生活改善に貢献しています。

6 清潔にする

　外出先から帰ってきた際は，手洗い・うがいを徹底し，細菌やウイルス等の病原菌が体内に侵入するのを予防することが重要です。また，身の回りの掃除や分煙化で清潔なオフィスを維持していくことも有効です。

　経済産業省「健康経営オフィスレポート」によると，株式会社ダスキンでは，トイレに，手洗い・歯磨きのポスターが掲示されており，タオルや洗面台を拭くために布巾まで常備しています。トイレタリー環境を充実させることで，清潔の保持だけでなく，従業員の手洗い・うがいに対する意識の向上に繋がっています。

7 健康意識を高める

　健康に関するポスターや記事を社内の掲示板に貼って定期的に閲覧したり，自分の健康状態のチェックリストを確認したりすることで，従業員の健康意識を高めます。

　経済産業省「健康経営オフィスレポート」によると，伊那食品工業株式会社では，専任看護師が常駐して血液，骨密度等の健康状態を測定できる設備が揃っている，健康パビリオンを設置しています。地域住民にも開放し，自ら健康状態を測ることで，健康意識を向上させるきっかけとなっています。

　また，**第3部**で紹介する日本テクノロジーソリューション(株)は，健康経営

優良法人として2年連続で認定されており，健康を意識した飲料の設置，自転車通勤を意識してのシャワールーム，女性が働きやすいためのパウダールーム，景色の良い場所での100人規模のカフェ，スタンディングミーティングスペース等，健康経営や働き方改革を意識した職場環境づくりを行うことで，従業員の健康意識を高めています。

Ⅲ　オフィス環境の整備による効果

オフィス環境を整備し，第Ⅱ節で説明した7つの行動を誘発すると，最終的にはプレゼンティーズム（健康問題による出勤時の生産性低下）の解消，アブセンティーズム（健康問題による欠勤）の解消に結び付きます。

【図表3　健康経営オフィスの効果モデル】

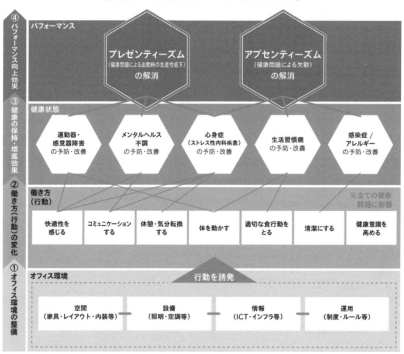

資料：経済産業省「健康経営オフィスレポート」

健康経営の効果を計測する方法の一例として，健康を保持・増進する7つの行動に関する，簡易チェックシートを掲載します（図表4）。

Step 1では，7つの行動について17のチェック項目のうち，該当する項目に○印をつけます。

Step 2では，健康状態の分類について，「①心身症の予防・改善」はA，B，C，Gの○印の合計数，「②運動器・感覚器障害の予防・改善」はA，D，Gの○印の合計数，「③メンタルヘルス不調の予防・改善」はA，B，Gの○印の合計数，「④感染症・アレルギーの予防・改善」はF，Gの○印の合計数，「⑤生活習慣病の予防・改善」はD，E，Gの○印の合計数を記入します。

Step 3では，Step 2の①〜⑤で算出した数値を五角形のレーダーチャートの各項目に記入します。各項目の合格ラインは7割以上です。未達成の項目は，必要な行動を増やして職場環境の改善を図ることが大事です。

【図表4 「健康を保持・増進する7つの行動」簡易チェックシート】

「健康を保持・増進する7つの行動」 簡易チェックシート

Step 1

普段のオフィスでの過ごし方で、該当する項目に○印をつけましょう。
印をつけたら、A～Gの分類毎に○の数を集計しましょう。

分類		チェック項目	チェック欄	集計用
快適性を感じる【A】	1	自分の体に合わせて椅子の機能を調節している		
	2	室温が快適である		
	3	作業面が十分に明るい		
	4	タバコや強い香水など不快な臭いを感じない		
	5	自分の居場所が確保されていると感じる		
コミュニケーションする【B】	6	雰囲気が友好的である		
	7	周囲の人の仕事の内容を把握している		
	8	いつも挨拶をしている		
	9	よく笑う機会がある		
休憩・気分転換する【C】	10	仕事の合間に雑談することがある		
	11	仕事の合間に机や身の回りの整理整頓をすることがある		
	12	昼休みは規定通りしっかり休んでいる		
	13	離席するのに周囲の人に気を使わない		
体を動かす【D】	14	オフィス内をよく歩いている		
適切な食行動をとる【E】	15	仕事中に間食を時々摂っている		
清潔にする【F】	16	手洗い、うがいをしている		
健康意識を高める【G】	17	自分の健康状態をチェックしている		

補足：集団や組織で分析をする場合、回答者の7割以上が該当する項目に○印をつけましょう。

Step 2

計算方法に従って、健康状態の分類毎に○印の数を数えましょう。

健康状態の分類	計算方法	○印の数
①心身症の予防・改善	A+B+C+G	/14
②運動器・感覚器障害の予防・改善	A+D+G	/7
③メンタルヘルス不調の予防・改善	A+B+G	/10
④感染症・アレルギーの予防・改善	F+G	/2
⑤生活習慣病の予防・改善	D+E+G	/3

Step 3

健康状態の分類毎に、○印の数の目盛位置を線で繋いで、グラフを作成しましょう。

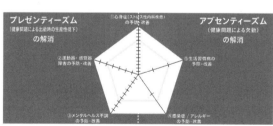

7割（黄線）以上が合格ラインです。達成できていない項目がある場合は、必要な行動を増やすように心掛けたり、環境改善を図りましょう。

※企業側は、厚生労働省の事務所衛生基準規則も満たすように併せて参照のこと

資料：経済産業省「健康経営オフィスレポート」

Ⅳ　健康経営オフィスで定着率アップ

　少子高齢化が進む現在の日本において，多くの中小企業が若手従業員の確保に苦労しています。このような厳しい環境の中で，イキイキと働ける健康経営オフィスをつくることは，従業員一人一人の生産性を高めるだけでなく，優秀な従業員を惹き付け，定着率を高めるメリットがあります。

　健康経営オフィスの取組みでは，健康を保持・増進する７つの行動を従業員に任せるだけでなく，経営者は戦略的に行動が誘発される環境を従業員に提供することです。

　Ｐ（現状把握後，計画立案）→Ｄ（取組み）→Ｃ（チェックリストの集計，課題の評価）→Ａ（解決できなかった課題への取組み）を回していくことで，社内に健康経営オフィスの環境が定着します。

　経営者と従業員が一緒になって，会社全体がイキイキする健康経営オフィスをつくりあげることが大事です。

第2部　中小企業のための健康経営実践の手引き

第3章　こころの健康を守って元気な職場の作り方
〜職場でのメンタルヘルス対策

　第3章では，近年ますます重要となりつつある精神面での健康，メンタルヘルスについて取り上げます。メンタルメルス対策には国も力を入れて取り組んでおり，厚生労働省から多くの指針や資料が公開されているため，それらを中心に進めていきます。

　全体的な構成として，第Ⅰ節ではメンタルヘルスケアの概要，第Ⅱ節では職場におけるメンタルヘルスケアについて触れ，第Ⅲ節では第Ⅱ節でとりわけ重要なラインによるケアとしての取組内容を取り上げます。

　第Ⅳ節では職場のいじめ・嫌がらせによるメンタルヘルスケア不調の防止，第Ⅴ節では休業者が出てしまったときの職場復帰における支援について触れます。

　第Ⅵ節ではメンタルヘルス対策として最近注目されているストレスチェック制度を紹介します。

　メンタルヘルスについて理解を深め，できることから実践して，いきいきと働ける元気な職場づくりを目指しましょう。

第2部　中小企業のための健康経営実践の手引き

I　メンタルヘルスケア

1　メンタルヘルスの現状

　メンタルヘルスとは，「心の健康」を指す言葉です。近年では経済や社会構造の目まぐるしい変化により仕事や生活に関するストレスを感じ，メンタルヘルスの不調を訴える労働者の割合が高くなってきています。また，それを原因とする従業員の精神疾患や自殺の増加も耳にする機会が増えてきました。自殺者数は依然として2万人を超える状況が続いており，特に若年層の自殺は深刻なものとなっています。精神障害に関する労災請求件数も増加傾向にあり，メンタルヘルス不調の原因が企業側にあるとして，損害賠償を求める民事訴訟に及ぶケースもあります。過労自殺した大手企業従業員の遺族が会社を訴え，1億円超の和解金を支払った事例はメディアでも大きく取り上げられました。

　このような現状のもと，健康面だけでなくさまざまなリスクに備える意味でも，職場でのメンタルヘルスケアがますます重要になってきています。以下では，厚生労働省が定めた「職場におけるこころの健康づくり～労働者の心の健康の保持増進のための指針～」にならい，留意すべき点や中小企業が取り組みやすいものを中心に紹介していきます。

2　メンタルヘルスケアの基本的な考え方

　事業場において，事業者が講ずるように努めるべき労働者の心の健康の保持増進のための措置を「メンタルヘルスケア」といいます。現代においてストレスとなる要因は仕事，職業生活，家庭など広範囲にわたって存在しています。心の健康づくりのためには，労働者自身がストレスに気づき，これに対処すること（セルフケア）が必要です。しかし，職場に存在するストレス要因は，労働者自身の力だけでは取り除くことができないものもあります。労働者の心の健康づくりを推進していくためには，事業者によるメンタルヘルスケアの積極的な取り組みが重要になってきます。メンタルヘルスケアの推進にあたっては，以下のような留意点があげられます。

(1) 心の健康問題の特性

　心の健康については客観的な測定方法が十分確立しておらず，その評価も容易ではありません。また，心の健康問題の発生過程には個人差が大きいため，そのプロセスの把握が困難です。そのため労働者が悩みを抱えていても，その人の心が弱いからではないかと管理者側が決めつけ，労働者自身も自分に原因があるのではないかと抱え込んでしまうことが見受けられます。また，すべての労働者が心の問題を抱える可能性があるにもかかわらず，心の健康問題を抱える労働者に対して誤解や偏見など健康問題以外の観点から評価が行われる傾向が強いという指摘もあります。

(2) 労働者の個人情報の保護への配慮

　メンタルヘルスケアを進めるにあたって，健康情報を含む労働者の個人情報の保護及び労働者の意思の尊重に留意することが重要になります。心の健康に関する情報の収集及び利用にあたっての労働者の個人情報保護の配慮は労働者が安心してメンタルヘルスケアに参加できること，メンタルヘルスケアがより効果的に推進されるための条件となります。

(3) 人事労務管理との関係

　労働者の心の健康は体の健康と比較し，職場配置，人事異動，職場の組織等の人事労務管理と密接に関係する要因によって大きな影響を受けます。そのため，メンタルヘルスケアは人事労務管理と連携しなければ適切に進まない場合が多くあります。たとえば休業者の職場復帰を考える際には，短時間勤務も視野に入れる必要があります。

(4) 家庭・個人生活等の職場以外の問題

　心の健康問題は職場のストレス要因だけでなく，家庭・個人生活等の職場外のストレス要因の影響を受けている場合も多くあります。加えて，個人の要因も心の健康問題に関係する場合も多くあります。

　職場のストレスとしては，人間関係，昇進・降格，長時間労働，仕事の失敗などがあげられます。職場以外のストレスとしては家庭環境，借金・収入など金銭に関する問題，引っ越しや単身赴任のような生活環境の変化など，さまざ

まな要因があげられ,プライバシーの観点からも把握しづらい要素があります。

II　職場におけるメンタルヘルスケア

メンタルヘルスケア推進は,以下のような流れになります。

1　メンタルヘルスケア推進の表明

まず,社長自らがメンタルヘルスケアの推進に取り組むことを従業員に対して表明することが必要です。具体的には,会社の行動指針・経営指針などにメンタルヘルスケアに関する項目を設定し,ポスターやイントラネットなど従業員に見える形での発信があげられます。併せて,ホームページや会社案内,求人情報などの外部発信を行うことで,企業イメージの向上,人材確保にも繋がります。トップの積極的な姿勢を見せることで,従業員も会社の方向性が見え,システムの整備などがスムーズに進みやすくなります。

具体的な内容としては,次に掲げる心の健康づくり活動計画の(1)位置づけ,(2)心の健康づくりの目標を参考にしましょう。

【図表1　A事業場における心の健康づくり計画及びストレスチェック実施計画（例）】

●1　心の健康づくり活動方針

(1) 位置づけ

本計画は、当社規則「安全衛生管理規則」に基づき、厚生労働省「労働者の心の健康の保持増進のための指針」等に従って、当社の心の健康づくり活動ならびに労働者の心理的な負担の程度を把握するための検査（以下ストレスチェック）の具体的推進方法を定め、もって従業員の心の健康づくり及び活気のある職場づくりに取り組むためのものである。

(2) 心の健康づくりの目標

従業員の心の健康は、従業員とその家族の幸福な生活のために、また事業場の生産性及び活気のある職場づくりのために重要な課題であることを認識し、メンタルヘルス不調への対応だけでなく、職場でのコミュニケーションの活性化などを含めた広い意味での心の健康づくりに取り組む。

具体的には以下の目標を平成〇〇年までの〇年間に達成する。

① 管理監督者を含む従業員全員が心の健康問題について理解し、心の健康づくりにおけるそれぞれの役割を果たせるようになる。
② 円滑なコミュニケーションの推進により活気ある職場づくりを行う。
③ 管理監督者を含む従業員全員の心の健康問題を発生させない。

(3) 推進体制

従業員、管理監督者、事業場内産業保健スタッフ（産業医、事業場内メンタルヘルス推進担当者等）、人事労務部門、外部機関がそれぞれの役割を果たす。

(4) 推進事項

以下のとおり実施する。

ア　相談体制

管理監督者を含む従業員が相談しやすい相談窓口の設置など、心の健康に関する相談体制の充実を図る。

イ　教育・研修及び情報提供

従業員、管理監督者、事業場内産業保健スタッフ及び人事労務部門がそれぞれの役割を理解し、状況に応じて適切な活動を推進できるように情報提供及び教育・研修の計画的な実施を図る。

ウ　ストレス対策

従業員がストレスに気づいて対処できるように、また、職場環境等におけるストレスを減らすように、ストレスチェックをはじめ各種のストレス対策・職場環境改善対策を実施する。

エ　マニュアル等

心の健康づくりの体制整備やストレスチェックの実施等の進め方を示す文書・マニュアル等を作成し、全社に周知・徹底する。

オ　プライバシーへの配慮

従業員が安心して活動に取り組めるよう、個人情報の秘密保持に十分配慮する。

●3　心の健康づくり推進体制及びストレスチェック実施体制

従業員、管理監督者、事業場内産業保健スタッフ、人事労務部門及び衛生委員会の役割を以下のとおりとする。

ア　従業員

従業員はストレスや心の健康について理解し、またストレスチェックの受検の機会を活用することで、自分のストレスに適切に対処し、必要に応じてストレスチェック結果に基づく面接指導やメンタルヘルス相談を利用すること。

イ　管理監督者

管理監督者は、職場の管理監督者として、ストレスチェ

資料：厚生労働省　独立行政法人労働者健康安全機構「職場におけるこころの健康づくり～労働者の心の健康の保持増進のための指針～」2017年 p.12

2　衛生委員会等における調査審議

衛生委員会は，労働災害の防止を目的として常時50人以上の労働者を使用する事業場に設置が義務付けられるものですが，それに満たない場合でも労働者の意見を聞くための機会を設けるよう労働安全衛生法によって定められています。今までこれらの活動をしていない場合は，まずは話し合いの場を設けることが取組みの第一歩となります。

メンタルヘルスケアの推進にあたっては，事業者が労働者の意見を聞きつつ事業場の実態に則した取組みを行うことが必要になります。

3 心の健康づくり計画

職場環境の調査をして意見交換を重ね，労働者の意見を反映しながら心の健康づくり計画を策定していきます。また，実施段階においては実施状況等を適切に評価し，評価結果に基づき必要な改善を行うことでメンタルヘルスケアの一層の充実，向上に努めることが望まれます。心の健康づくり計画で定めるべき事項は，次のようなものになります。

【図表２　心の健康づくり計画に盛り込む事項】

① 事業者がメンタルヘルスケアを積極的に推進する旨の表明に関すること
② 事業場における心の健康づくりの体制の整備に関すること
③ 事業場における問題点の把握及びメンタルヘルスケアの実施に関すること
④ メンタルヘルスケアを行うために必要な人材の確保及び事業場外資源の活用に関すること
⑤ 労働者の健康情報の保護に関すること
⑥ 心の健康づくり計画の実施状況の評価及び計画の見直しに関すること
⑦ その他労働者の心の健康づくりに必要な措置に関すること

資料：厚生労働省　独立行政法人労働者健康安全機構「職場におけるこころの健康づくり～労働者の心の健康の保持増進のための指針～」2017年p.6

詳しい策定例としては，「職場におけるこころの健康づくり～労働者の心の健康の保持増進のための指針～」（厚生労働省）や「働く人の心の健康保持増進　新しい指針と解説」（中央労働災害防止協会）に記載があります。

4　4つのメンタルヘルスケアの推進

　メンタルヘルスケアは，労働者自身がストレスや心の健康について理解し，(1)自らのストレスを予防，軽減，対処する「セルフケア」，(2)労働者と日常的に接する管理監督者が，職場環境等の改善や労働者に対する相談対応を行う「ラインによるケア」，(3)事業場内の産業医等，事業場内産業保健スタッフ等が心の健康づくり対策の提言及び推進，労働者及び管理監督者を支援する「事業場内産業保健スタッフ等によるケア」，(4)事業場外の機関，専門家を活用した「事業場外資源によるケア」の4つのケアが継続的，計画的に行われることが重要です。経営資源の限られる中小企業，特に小規模事業者においては，前述のメンタルヘルスケア実施の表明及びセルフケア，ラインによるケアを中心に実施可能なところから取組みを進めることが大切です。

第2部　中小企業のための健康経営実践の手引き

【図表3　4つのメンタルヘルスケア】

資料：厚生労働省　独立行政法人労働者健康安全機構「職場におけるこころの健康づくり～労働者の心の健康の保持増進のための指針～」2017年 p.7

(1) セルフケア

　心の健康づくりを推進するためには，労働者自身がストレスに気づき，これに対処するための知識や方法を身につけ実施することが重要です。ストレスに気づくためには，ストレス要因に対するストレス反応や心の健康について理解

するとともに、自らのストレスや心の健康状態について正しく認識できるようにする必要があります。

このため、労働者（管理監督者も含む）に対してセルフケアに関する教育研修、情報提供を行い、心の健康に関する理解の普及を図ります。併せて相談体制を整備し、労働者が管理監督者等に自発的に相談しやすい環境を整えます。ストレスへの気づきのためには、セルフチェックを行う機会を提供することも効果的です。

(2) ラインによるケア

管理監督者は、部下である労働者の状況を日常的に把握しており、具体的なストレス要因を把握し改善を図ることができる立場にあるため、職場環境等の把握と改善、労働者からの相談対応を行うことが必要です。そのため、管理監督者に対してラインによるケアに関する教育研修、情報提供を行います。ラインによるケアについては事業者が重点的に取り組む点になりますので、詳しくは第Ⅲ節で取り上げます。

(3) 事業場内産業保健スタッフ等によるケア

人事労務管理スタッフは、管理監督者だけでは解決できない職場配置、人事異動、職場の組織等の人事労務管理が心の健康に及ぼしている具体的な影響を把握し、労働時間等の労働条件の改善及び適正配置に配慮します。

常時50人以上の労働者を使用する事業場では産業医を選任し、労働者の健康管理等を行わせなければならないことになっています。産業医は専門的立場から、メンタルヘルス対策の実施状況の把握、助言・指導を行うほか、長時間労働者に対する面接指導の実施、メンタルヘルスに関する個人の健康情報の保護についても中心的役割を担います。

また、同じく常時50人以上の労働者を使用する事業場において選任する必要のある衛生管理者がいる場合には、心の健康づくり計画に基づき、産業医等の助言・指導を踏まえて具体的な教育研修の企画及び実施、職場環境等の評価と改善、心の健康に関する相談ができる雰囲気や体制づくりを行います。セルフケア及びラインによるケアを支援し、実施状況を把握するとともに事業場外資

源との連絡調整にあたることが効果的です。

　常時使用する労働者が50人未満の小規模事業場では，メンタルヘルスケアを推進するにあたって，必要な事業場内産業保健スタッフの確保が難しいのが実情です。このような事業場では衛生推進者又は安全衛生推進者を事業場内メンタルヘルス推進担当者として選任し，事業場外資源の提供する支援等を積極的に活用し取り組むことが効果的です。また，メンタルヘルスケアの実施にあたっては，セルフケア，ラインによるケアを中心として，実施可能なところから着実に取組みを進めることが大切です。

(4)　事業場外資源によるケア

　必要な事業場内産業保健スタッフが確保できない場合や，労働者が相談内容等を事業場に知られることを望まないような場合には，地域産業保健センター等の事業場外資源の支援を活用することが有効です。地域産業保健センターでは労働者数50人未満の小規模事業者を対象に，健康相談窓口の設置や個別訪問による産業保健指導の実施などのサービスを無料で行っていますので，必要に応じて利用しましょう。

5　メンタルヘルスケアの具体的な進め方

　上記4つのケアを継続的かつ計画的に実施することがメンタルヘルスケアの基本ですが，具体的な推進にあたっては，以下の取組みが効果的です。

(1)　メンタルヘルスケアを推進するための教育研修・情報提供

　労働者・管理監督者等に対し，4つのケアが適切に実施されるよう，それぞれの職務に応じた教育研修・情報提供を実施します。具体的には事業場外資源が実施する研修等への参加があげられます。労働者への教育研修としては，ストレス及びメンタルヘルスケアに関する基礎知識，ストレスの予防・軽減及び対処の方法などセルフケアに関するものがあげられます。管理監督者にはラインによるケアを促進するため，職場でメンタルヘルスケアを行う意義，管理監督者の役割及び心の健康問題に対する正しい態度，労働者からの相談対応（話の聴き方，情報提供，助言の方法）などの研修が求められます。

(2) 職場環境等の把握と改善

　労働者の心の健康には，作業環境や方法，設備，労働時間，職場の人間関係等のさまざまな要因が関係します。そこでまず，管理監督者による日常の職場管理や労働者からの意見聴取等を通じ，具体的問題点を把握して改善を図っていきます。管理監督者と協力しながら改善を図り，個々の労働者に過度な長時間労働，過重な疲労，心理的負荷が生じないようにして，労働者の能力，適性に合わせた配慮を行うことが重要です。改善方法としては職場レイアウト，作業方法，コミュニケーション，職場組織の改善などが効果的とされています。職場環境等の改善には労働者の意見を踏まえる必要があるため，労働者自身に参加してもらうのも有効ですし，事業場外資源の助言や支援を求めるのもよいでしょう。

　また，事業者はその改善の効果を定期的に評価し，効果が不十分な場合には取組方法を見直す等，継続的に実施していくことが重要です。

(3) メンタルヘルス不調への気づきと対応

　メンタルヘルスケアにおいては，ストレス要因の除去，軽減などの予防策が重要ですが，メンタルヘルス不調に陥る労働者が発生した場合には，その早期発見と適切な対応が求められます。まず，労働者自身によるメンタルヘルス不調への気づきを促進するため，相談に応じる体制を整備し，事業場外の相談機関の活用を図る等，労働者が自ら相談を受けられるよう必要な環境整備を行います。併せて管理監督者は，労働者からの自発的な相談に対応する必要があります。

　また，日常的に接している家族は，労働者がメンタルヘルス不調に陥った際に最初に気づくことが少なくありません。そのため社内報や健康保険組合の広報誌等を通じて，労働者の家族に対してストレスやメンタルヘルスケアに関する基礎知識，事業場のメンタルヘルス相談窓口等の情報を提供することが望まれます。

(4) 職場復帰における支援

　メンタルヘルス不調により休業した労働者が円滑に職場復帰し，就業を継続

できるようにするため，職場復帰支援プログラムを策定，実施により，労働者に対する支援を実施していきます。詳細については第Ⅴ節で取り上げます。

6 メンタルヘルスに関する個人情報の保護への配慮

メンタルヘルスケアを進めるにあたっては，健康情報を含む労働者の個人情報の保護に配慮することが極めて重要です。メンタルヘルスに関する労働者の個人情報は健康情報を含むものであり，その取得・保管・利用等において特に適切に保護しなければなりません。その一方で，メンタルヘルス不調の労働者への対応にあたり，労働者の上司や同僚の理解と協力のために当該情報を適切に活用することが必要となる場合もあります。

(1) 労働者の同意

メンタルヘルスケアを推進するにあたって，労働者の個人情報を主治医等や家族から取得する際には，事業者はこれらの情報を取得する目的を労働者に明らかにして承諾を得るとともに，労働者本人からの提出が望まれます。また，健康情報を含む労働者の個人情報を医療機関等の第三者へ提供する場合も原則として本人の同意が必要です。

(2) 事業場内産業保健スタッフによる情報の加工

事業場内産業保健スタッフには，労働者本人や管理監督者からの相談対応を通じてメンタルヘルスに関する労働者の個人情報が集まるため，個人情報の取扱いについて特に留意する必要があります。メンタルヘルスに関する労働者の個人情報を取り扱う際に，診断名等のデータの取扱いについては産業医や保健師等に行わせることが望まれます。特に誤解や偏見を生じるおそれのある精神障害を示す病名の情報は，慎重に取り扱うことが必要です。

(3) 健康情報の取扱いに関する事業場内における取決め

医師は，健康情報の保護に関して法令で守秘義務が課されています。また，労働安全衛生法では健康診断又は面接指導の実施に関する事務を取り扱う者に対する守秘義務を課しています。しかし，メンタルヘルスケアの実施においては，これらの法令で守秘義務が課されていない者が，健康情報を含む労働者の

個人情報を取り扱うこともあります。

　そのため，事業者は衛生委員会等での審議を踏まえ，これらの個人情報を取り扱う者及びその権限，取り扱う情報の範囲，個人情報を取り扱う者の守秘義務等について，事業場内の規程等により取り決めておくことが望まれます。併せて，これらの個人情報を取り扱う者を対象に，当該規程を周知するとともに健康情報を慎重に取り扱うことの重要性や取扱い方法についての教育を実施することも視野に入れましょう。

7　心の健康に関する情報を理由とした不利益な取扱いの防止

　メンタルヘルスケア等を通じて把握した労働者の心の健康に関する情報は，その労働者の健康確保に必要な範囲で利用されるべきものです。その範囲を超えて労働者に対して不利益な取扱いを行うことは禁じられています。これには労働者の心の健康に関する情報を理由として行う解雇などがあてはまります。また，派遣労働者に対しても同様であり，派遣労働者の変更など，派遣先事業者による派遣労働者に対する不利益な取扱いについても一般的に合理的といえないものは行ってはいけません。

III　ラインによるケアとしての取組み内容

　メンタルヘルス対策において管理監督者の役割は重要になります。ここでは，「ラインによるケア」を中心とした取組み内容を取り上げます。

1　管理監督者による部下への接し方

　ラインによるケアで大切なのは，管理監督者が「いつもと違う」部下の様子に早く気づくことです。たとえば，遅刻・早退・欠勤が増える，報告や相談，職場での会話がなくなる（あるいはその逆），服装が乱れることなどがあげられます。これらのサインに早く気づくためには日頃から部下に関心を持って接しておき，いつもの行動や人間関係の持ち方について知っておくことが必要で

す。

　これらの行動の背後には病気が隠れている可能性があり，その判断については産業医や医師の仕事になります。管理監督者が「いつもと違う」と感じた部下の話を聴き，場合によっては産業医のところへ行くよう促す仕組みを事業場のなかに作っておくことが求められます。

　また，職場の管理監督者は，部下からの自発的な相談に対応するよう努めなければなりません。そのためには，部下が上司に相談しやすい環境や雰囲気を整えることが必要です。特に，個別の配慮が必要と思われる部下に対しては管理監督者から声をかけるとともに，話を聴く（積極的傾聴），適切な情報を提供する，必要に応じて事業場内産業保健スタッフや事業場外資源への相談や受診を促すなどの対応も必要です。管理監督者が部下の話を積極的に聴くことは，職場環境の重要な要素である職場の人間関係の把握や心の健康問題の早期発見・適切な対応という観点からも重要です。部下のものの見方や考え方を理解する意味でも，部下の話を聴くことが重要になります。管理監督者がこのような適切な対応ができるようになるためには，事業者が管理監督者に部下の話を聴く技術を習得する機会を与えることが有効です。

2　職場環境等の改善を通じたストレスの軽減
(1)　職場環境等へのアプローチのポイント

　仕事のしづらさからくるストレスは疲労感を増大させ，労働者の健康問題だけでなく生産性の低下や事故にもつながりかねません。ストレスの原因としては職場の照明や温度などの物理環境や作業レイアウトもあてはまることがあります。また，会議の持ち方，情報の流れ方，職場組織の作り方なども労働者のストレスに影響を与えます。職場環境等の改善を通じたストレス対策では，「職場環境」をより広く捉えることが大事です。

　改善にあたっては，職場のメンバーが感じている働きにくさに注目することや，職場のレイアウトや物理的環境の改善など，目に見えることから着手することが効果的です。また，長時間労働を避けることに加えて，作業量や責任に

見合うような裁量権や報酬を与えるようにすることも職場環境等の改善の方法の1つになります。

このほか，アメリカ国立労働安全衛生研究所は，職場環境等の改善を通じたストレス対策のポイントとして，次のことをあげています。

・ 過大あるいは過小な仕事量を避け，仕事量に合わせた作業ペースの調整ができること
・ 労働者の社会生活に合わせて勤務形態の配慮がなされていること
・ 仕事の役割や責任が明確であること
・ 仕事の将来や昇進，昇級の機会が明確であること
・ 職場でよい人間関係が保たれていること
・ 仕事の意義が明確にされ，やる気を刺激し，労働者の技術を活用するようにデザインされること
・ 職場での意志決定への参加の機会があること

---

(2) 職場環境等の改善の5つのステップ

職場環境等の改善には，専門家の指導，管理監督者や労働者による自主的活動などさまざまな進め方があります。また，産業医や衛生管理者などの産業保健スタッフや人事・労務担当者に参加してもらうことで，効果的に対策が実施できます。効果的な職場環境等の改善の手順について整理すると，次のようになります。

【図表4　メンタルヘルス対策のための職場環境等の改善の流れ】

ステップ		ステップの内容	ポイント
ステップ1	職場環境等の評価	現状調査を行う。	仕事のストレス判定図などが利用できる。
ステップ2	職場環境等のための組織づくり	当該職場の上司、産業保健スタッフを含めた職場環境等の改善のためのチームを編成する。必要に応じて上司に教育研修を提供することも。	事業場の心の健康づくり計画や（安全）衛生委員会と連携することが重要
ステップ3 (PLAN)	改善計画の立案	産業保健スタッフ等、管理監督者、従業員が参加して討議を行い、職場環境等の改善計画を検討する。	ヒント集、MIRRORなどのツールを使用したグループワーク研修を実施する。
ステップ4 (DO)	対策の実施	決定された改善計画を実施し、進捗状況を確認する。	
ステップ5 (CHECK & ACT)	改善の効果評価と改善活動の継続	現状調査を再度実施し、改善がなされたかどうか確認する。十分な改善がみられない点について計画を見直し、実施する。	効果評価には、仕事のストレス判定図などが利用できる。

資料：厚生労働省　独立行政法人労働者健康安全機構「職場におけるこころの健康づくり～労働者の心の健康の保持増進のための指針～」2017年 p.19

ステップ1　職場環境等の評価

　　職場環境等の改善にあたっては，まず職場ごとのストレス要因の現状を知る必要があります。管理監督者による日常的な観察や，産業保健スタッフによる職場巡視，労働者からのヒアリング結果なども手がかりになります。

ステップ2　職場環境等のための組織づくり

　　職場環境等の改善を実施するためには，産業医や衛生管理者などの産業保健スタッフ，及び改善を実施しようとする職場責任者の理解と協力が必要です。特に，職場責任者には主体的に関わってもらうのが望ましく，職場環境等の評価と改善に関する教育研修などが必要になることもあります。こうした関係者で職場環境等の改善の企画，推進を行うワーキンググループを組織します。加えて人事・労務担当者や職場労働者の代表者に参加し

てもらうと効果的な場合もあります。

ステップ3　改善計画の立案

　職場のストレス調査や職場巡視の結果をもとにして，職場の管理監督者や労働者の意見を聴き，ストレス要因となっている可能性のある問題を具体的にリストアップします。それらの問題に対して，関係者の議論，労働者参加型のグループ討議などを通じて，改善計画を立てます。改善計画の立案においては「職場環境改善のためのヒント集」（メンタルヘルスアクションチェックリスト），メンタルヘルス改善意識調査票（MIRROR），快適職場調査などのツールも開発されています。

ステップ4　対策の実施

　計画に従い対策を実施します。計画どおりに実行されているか，実施上の問題は起きていないかなど，進捗状況を定期的に確認します。

　対策の実施が労働者に負担になっていたり，途中で頓挫することもあるので，対策が円滑に推進されているかを継続的に観察する必要があります。対策の実施状況や効果について，発表会など検証の場をあらかじめ計画しておくと進捗管理が容易になります。

ステップ5　改善の効果評価

　改善が完了したらプロセス（過程）とアウトカム（成果）の側面から効果を評価します。

　プロセスの評価では，対策が計画どおり実施されたかどうか，できていなければ何が障害になったかについて，事例などの質的な情報や数値から評価します。アウトカムの評価では目的となる指標が改善したかどうかを確認します。たとえば，ストレス調査の結果や健康診断などの健康情報を，対策の前後で比較することなどがあげられます。

Ⅳ　職場のいじめ・嫌がらせによるメンタルヘルス不調の防止

　職場のいじめ・嫌がらせは，職場内の人間関係を悪化させるとともに，職場

の秩序を乱し，労働者の勤労意欲の阻害や組織の生産性の低下をもたらし，さらには心身の不調をもたらすなど，労働者のメンタルヘルス不調の原因にもなることがあります。職場のメンタルヘルス対策においては，職場のいじめ・嫌がらせの防止も重要であり，この問題は全社的な取組みが必要です。

1　職場のいじめ・嫌がらせ

いじめ・嫌がらせをする上司の典型的な例として，①力を誇示することで部下を服従させるタイプ，②自分が正しいことを自分や他人に納得させようとするタイプ，③自らのストレスを部下に「あたる」ことで解消しようとするタイプ，④能力の低い部下に対する接し方がわからないタイプ，⑤企業の風土を背景としたタイプなどがあります。

いじめ・嫌がらせは，言動が行われた状況等も踏まえて判断する必要があります。また，職場のいじめ・嫌がらせは地位を利用して上司から部下に対して行われるばかりではなく，部下が上司に対して誹謗中傷する文書を配布する，家族に危害を加えるような発言を行うなどして，上司がメンタルヘルス不調となるケースもあります。

2　職場のいじめ・嫌がらせによるメンタルヘルス不調を防止するための取組み

職場のいじめ・嫌がらせは，人権上の問題，労務管理上の問題のほか，刑法上の侮辱，名誉毀損，脅迫に当たる可能性もあるなど，さまざまな要素が含まれます。また，その形や原因もさまざまであるため，労働者一人一人が十分に問題意識を持ってメンタルヘルス対策の一環として取り組むことも重要です。職場のいじめ・嫌がらせによるメンタルヘルス不調を防止するためには，次の取組みが重要となります。

- 職場のいじめ・嫌がらせに関する意識を高め問題意識を持って取り組めるよう，管理監督者および労働者に対し，情報提供，教育研修を実

施する。
- 職場内のストレス要因を把握し，職場環境の問題点を明らかにして改善に取り組む。上司や同僚と気軽に相談ができ，コミュニケーションがとりやすい環境を整備する。
- 職場のいじめ・嫌がらせによる心身の不調などのメンタルヘルスに係わる問題が発生した際に，労働者等が相談できる体制をつくる。また，相談があったときは速やかに対応し，必要に応じて専門機関へつなぐ。

3 職場のいじめ・嫌がらせによるメンタルヘルス不調を防止するための留意事項

いじめ・嫌がらせの問題が発生する過程は単純ではなく，その背景にさまざまなメンタルヘルス不調を抱えている場合があります。

次のようなことなどに留意しつつ，メンタルヘルス対策を進めましょう。

【図表5　職場のいじめ・嫌がらせによるメンタルヘルス不調を防止するための留意事項】

① **ストレスをかかえる上司からのいじめ・嫌がらせやメンタルヘルス不調者へのいじめ・嫌がらせ**

問題点	上司がメンタルヘルス不調のためにイライラしてささいなことで部下を強く叱責したり、部下のメンタルヘルス不調による仕事の効率の低下や遅刻・突発休暇の増加を上司が本人の資質の問題と考えて強く叱責して、結果的にいじめになるような例があります。
対応策	日頃から、ストレスへの気付きの機会の付与、メンタルヘルス不調の早期発見、心の健康問題の正しい知識の付与等のための教育・研修を行いましょう。

② **上司の理解不足からくるいじめ・嫌がらせ**

問題点	昔であれば、先輩・上司による「厳しい指導」とされたような言動が、時代の変化や労働者の意識の変化とともにいじめ・嫌がらせとなり得ることがあります。一方、若い労働者がいじめ・嫌がらせと感じることが、実はそうではないということもあり得ます。
対応策	管理監督者（上司）や部下に対する意識改革のための教育が重要となります。

③ **メンタルヘルス不調に伴う被害者意識の発生**

問題点	病状によっては、①他罰的傾向があったり、②自尊心が強かったり、③拒絶に対する過敏性などがあり、通常の職場の人間関係に適応できず、（実際にはいじめ・嫌がらせではないにもかかわらず）本人がいじめ・嫌がらせを受けたと感じることがあります。
対応策	このような労働者に対しては、上司、同僚など職場側としては、①本人の状態を理解して否定的な感情を抑え、②本人の問題行動については（叱責ではなく）指導・修正させるとともに、場合によっては③人間的な成長を促す指導・教育が重要となります。

資料：厚生労働省　独立行政法人労働者健康安全機構「職場におけるこころの健康づくり～労働者の心の健康の保持増進のための指針～」2017年 p.20

V 職場復帰における支援

メンタルヘルス不調により休業した労働者に対する職場復帰支援の進め方については，事業場向けマニュアルとして厚生労働省が定める「心の健康問題により休業した労働者の職場復帰支援の手引き」が参考にされています。

ここでは，その手引きに沿って見ていきます。なお，この手引きの基本的な記述においては，心の健康問題として，治療によって比較的短期に寛解するものが想定されています。その他の心の健康問題については，異なる対応をとる必要がある場合もあることに留意し，併せて主治医との連携が重要となります。

1 職場復帰支援の基本的な考え方

心の健康問題で休業している労働者が円滑に職場復帰するためには，職場復帰支援の手順，内容等を含めた職場復帰支援プログラムの策定や関連規程の整備等により，休業から復職までの流れをあらかじめ明確にしておくことが必要です。

実際の職場復帰支援では，このプログラムに基づき，個々の労働者ごとに職場復帰日，人事労務管理上の対応等の支援内容を定めた職場復帰支援プランを作成します。そのうえで労働者のプライバシーに配慮しながら，事業場内産業保健スタッフを中心に労働者，管理監督者が互いに十分な理解と協力を行うとともに，主治医との連携を図りつつ取り組みます。

2 職場復帰支援の流れ

職場復帰支援の流れは，病気休業開始から職場復帰後のフォローアップまでの次の5つのステップからなっています。事業者は，個々の事業場の実態に即した職場復帰支援プログラムを策定することが重要です。

なお，以下の記述において第1，第2ステップでの対象は心の健康問題で休業したすべての労働者ですが，第3ステップ以降の職場復帰に関しては医学的に業務に復帰するのに問題がない程度に回復した労働者（軽減，配慮された一

定レベルの職務を遂行でき，かつ，想定される仕事をすることが治療上支障にならないと医学的に判断されるもの）を対象にしています。

【図表6　職場復帰支援の流れ】

＜第1ステップ＞　病気休業開始及び休業中のケア
- ア　病気休業開始時の労働者からの診断書（病気休業診断書）の提出
- イ　管理監督者によるケア及び事業場内産業保健スタッフ等によるケア
- ウ　病気休業期間中の労働者の安心感の醸成のための対応
- エ　その他

↓

＜第2ステップ＞　主治医による職場復帰可能の判断
- ア　労働者から職場復帰の意思表示と職場復帰可能の判断が記入された診断書の提出
- イ　産業医等による精査
- ウ　主治医への情報提供

↓

＜第3ステップ＞　職場復帰の可否の判断及び職場復帰支援プランの作成
- ア　情報収集と評価
  - (ア)　労働者の職場復帰に対する意思の確認
  - (イ)　産業医等による主治医からの意見収集
  - (ウ)　労働者の状態等の評価
  - (エ)　職場環境等の評価
  - (オ)　その他
- イ　職場復帰の可否についての判断
- ウ　職場復帰支援プランの作成
  - (ア)　職場復帰日
  - (イ)　管理監督者による就業上の配慮
  - (ウ)　人事労務管理上の対応
  - (エ)　産業医等による医学的見地から見た意見
  - (オ)　フォローアップ
  - (カ)　その他

↓

＜第4ステップ＞　最終的な職場復帰の決定
- ア　労働者の状態の最終確認
- イ　就業上の配慮等に関する意見書の作成
- ウ　事業者による最終的な職場復帰の決定
- エ　その他

↓

職場復帰

↓

<第5ステップ>　職場復帰後のフォローアップ
- ア　疾患の再燃・再発，新しい問題の発生等の有無の確認
- イ　勤務状況及び業務遂行能力の評価
- ウ　職場復帰支援プランの実施状況の確認
- エ　治療状況の確認
- オ　職場復帰支援プランの評価と見直し
- カ　職場環境等の改善等
- キ　管理監督者，同僚等への配慮等

資料：厚生労働省　独立行政法人労働者健康福祉機構「〜メンタルヘルス対策における職場復帰支援〜心の健康問題により休業した労働者の職場復帰支援の手引き」2013年 p.11〜12

第1ステップ　病気休業開始及び休業中のケア

　労働者から管理監督者に主治医による診断書（病気休業診断書）が提出され，休業が始まります。休業する労働者に対しては必要な事務手続きや職場復帰支援の手順を説明します。併せて，労働者が病気休業期間中に安心して療養に専念できるよう，傷病手当金などの経済的な保障，休業の最長（保障）期間，不安，悩みの相談先の紹介等について情報提供を行います。

第2ステップ　主治医による職場復帰可能の判断

　休業中の労働者から職場復帰の意思が伝えられると，事業者は労働者に対して，主治医による職場復帰が可能という判断が記された診断書の提出を求めます。診断書には，就業上の配慮に関する主治医の具体的な意見を記入してもらうようにします。

　主治医による診断は，日常生活における病状の回復程度により職場復帰の可能性を判断していることが多く，必ずしも職場で求められる業務遂行能力まで回復しているとの判断とは限りません。このため，主治医の判断と職場で必要とされる業務遂行能力の内容等について，産業医等が精査し

たうえで採るべき対応を判断し意見を述べることが重要です。あらかじめ主治医に対して職場で必要とされる業務遂行能力に関する情報を提供し，労働者の状態が就業可能であるという回復レベルに達していることを主治医の意見として提出してもらうようにするとよいでしょう。

第3ステップ 職場復帰の可否の判断及び職場復帰支援プランの作成

必要な情報の収集と評価を行ったうえで職場復帰ができるかを適切に判断し，職場復帰を支援するための具体的な職場復帰支援プランを作成します。プランの作成にあたっては事業場内産業保健スタッフを中心に，管理監督者，休職中の労働者の間で連携しながら進めます。

【図表7 職場復帰の可否の判断及び職場復帰支援プランの作成】

ア　情報の収集と評価
職場復帰の可否については、必要な情報を収集し、さまざまな視点から評価を行い総合的に判断することが大切です。情報の収集と評価の内容は次のとおりです。
(ア)労働者の職場復帰に対する意思の確認
(イ)産業医等による主治医からの意見収集
　診断書の内容だけでは不十分な場合、産業医等は労働者の同意を得た上で、必要な内容について主治医からの情報や意見を収集します。(P22,様式例1)
(ウ)労働者の状態等の評価
　治療状況及び病状の回復状況、業務遂行能力、今後の就業に関する労働者の考え、家族からの情報
(エ)職場環境等の評価
　業務及び職場との適合性、作業管理や作業環境管理に関する評価、職場側による支援準備状況
(オ)その他
　その他必要事項、治療に関する問題点、本人の行動特性、家族の支援状況や、職場復帰の阻害要因等

↓収集した情報の評価をもとに……

イ　職場復帰の可否についての判断
職場復帰が可能か、事業場内産業保健スタッフ等が中心となって判断を行います。

↓職場復帰が可能と判断された場合……

ウ　職場復帰支援プランの作成
以下の項目について検討し、職場復帰支援プランを作成します。
(ア)職場復帰日
(イ)管理監督者による就業上の配慮
　業務サポートの内容や方法、業務内容や業務量の変更、段階的な就業上の配慮、治療上必要な配慮など

(ウ) 人事労務管理上の対応等
　　配置転換や異動の必要性、勤務制度変更の可否及び必要性
(エ) 産業医等による医学的見地からみた意見
　　安全配慮義務に関する助言、職場復帰支援に関する意見
(オ) フォローアップ
　　管理監督者や産業保健スタッフ等によるフォローアップの方法、就業制限等の見直しを行うタイミング、全ての就業上の配慮や医学的観察が不要となる時期についての見通し
(カ) その他
　　労働者が自ら責任を持って行うべき事項、試し出勤制度の利用、事業場外資源の利用

資料：厚生労働省　独立行政法人労働者健康福祉機構「～メンタルヘルス対策における職場復帰支援～心の健康問題により休業した労働者の職場復帰支援の手引き」2013年 p.2～p.3

第4ステップ　最終的な職場復帰の決定

　疾患の再燃・再発の有無等について、労働者の状態の最終的な確認を行います。産業医等は「職場復帰に関する意見書」を作成し、それを受けて事業者は最終的な職場復帰の決定を行い、就業上の配慮の内容についても併せて労働者に対して通知します。

第5ステップ　職場復帰後のフォローアップ

　職場復帰後は、管理監督者による観察と支援のほか、事業場内産業保健スタッフによるフォローアップを実施し、適宜、職場復帰支援プランの評価や見直しを行います。フォローアップのための面談では、疾患の再燃・再発、新しい問題の発生等の有無の確認などを中心に、労働者本人及び管理監督者から話を聞き、適宜職場復帰支援プランの評価や見直しを行っていきます。

3　プライバシーの保護

　第Ⅱ節で触れたように、事業者は労働者の健康情報等を適正に取扱い、労働者のプライバシーの保護を図るよう留意しなくてはなりません。職場復帰支援において扱われる労働者の健康情報等のほとんどが労働者のプライバシーに関わるものです。とりわけメンタルヘルスに関する健康情報等は慎重な取扱いが必要です。たとえば心の健康問題を示す疾患名は、誤解や偏見を招きやすいこ

とから特に深い注意が求められます。また，周囲の「気づき情報」は提供者にとっても個人情報であるため，取扱いに気をつける必要があります。

(1) 情報の漏洩の防止

　健康情報等は，労働者等の安全や健康への配慮など相当な目的がある場合には活用すべきです。その際には情報利用の必要性と情報漏洩等の防止の要請を比較して，適切な判断がなされる必要があります。特に，産業医に対しては情報提供が行われないために，必要な職務が遂行されないことがないよう留意しなくてはなりません。

　一方で，労働者の健康情報等の漏洩の防止措置にも留意しましょう。健康情報等を取り扱う者に対しては，その責務と必要性を認識させるために教育及び研修を行う必要があります。事業場外資源である外部機関を活用する場合には，当該機関に対して労働者のプライバシーの保護が図られるよう必要かつ適切な方策を講じましょう。

(2) 個人情報の保護に関する法令・指針等の遵守

　個人情報の保護，取扱いにあたっての留意事項等に関しては，個人情報の保護に関する法律や，「雇用管理に関する個人情報の適正な取扱いを確保するために事業者が講ずべき措置に関する指針」などの告示が制定されています。また，労働者の健康情報の保護に関して「雇用管理に関する個人情報のうち健康情報を取り扱うに当たっての留意事項について」などが示されています。事業者はこれらをふまえ，労働者の健康情報の適正な取扱いを図らなければなりません。

4　職場復帰支援に関して検討・留意すべきその他の事項

(1) 主治医との連携の仕方

　主治医との連携にあたっては，事前に当該労働者への説明と同意を得ておきます。主治医に対して，職場復帰支援に関する事業場の制度，労働者本人に求められる業務の状況等についての十分な説明を行うことも必要です。主治医と情報交換を行う場合は，労働者本人の職場復帰を支援する立場を基本とし，そ

の情報は職場で配慮すべき事項を中心に必要最小限とします。

(2) 職場復帰可否の判断基準

職場復帰可否は，個々のケースに応じて総合的な判断が必要です。労働者の業務遂行能力が完全に改善していないことも考慮し，職場の受け入れ制度と組み合わせながら判断しなければなりません。判断基準の例として，労働者が職場復帰に対して十分な意欲を示し，通勤時間帯に一人で安全に通勤ができること，業務に必要な作業（読書，コンピュータ作業，軽度の運動等）をこなすことができること，昼間の眠気がないこと，業務遂行に必要な注意力・集中力が回復していること等があげられます。

(3) 試し出勤等の制度

正式な職場復帰決定の前の段階において試し出勤，通勤訓練等の社内制度を設けると，労働者の不安を和らげ，職場の状況を確認しながら復帰の準備を行うことができます。

これらの制度の導入にあたっては処遇や災害が発生した場合の対応，人事労務管理上の位置づけ等についてあらかじめ労使間で十分に検討し，ルールを定めておきます。なお，作業について使用者が指示を与える場合や，作業内容が業務（職務）に当たる場合などには，労働基準法等が適用される場合がある（災害が発生した場合は労災保険給付が支給される場合がある）ことや賃金等について合理的な処遇を行うべきことに留意する必要があります。

(4) 職場復帰後における就業上の配慮等

職場復帰は，元の慣れた職場へ復帰させることが原則です。より好ましい職場への配置転換や異動であったとしても，新しい環境への適応にはある程度の時間と心理的負担を要し，疾患の再燃・再発に結びつく可能性が指摘されているためです。これはあくまでも原則であり，異動等を誘因として発症したケースにおいては配置転換や異動をしたほうがよい場合もあります。復帰後は，労働負荷を軽減し，段階的に元へ戻すなどの配慮が重要です。具体的な就業上の配慮には，短時間勤務，残業・深夜業務の禁止，危険作業・運転業務・窓口業務などの制限，フレックスタイム制度の制限又は適用などがあります。

また，同僚に比べて過度に業務を軽減されることは逆にストレスを高めることもあるので，負荷業務量等についての調整が必要です。ケースによっては，職場復帰の当初からフレックスタイム制度など特段の措置はとらず，本来の勤務時間で就労するほうがよい結果をもたらすこともあります。

5　職場復帰する労働者への心理的な支援

　疾病による休業は，多くの労働者にとって働くことについての自信を失わせることにつながります。必要以上に自信を失った状態での職場復帰は，当該労働者の健康及び就業能力の回復に好ましくない影響を与える可能性が高いため，休業開始から復職後に至るまで，適宜，周囲からの適切な心理的支援が大切になります。特に，管理監督者は労働者の焦りや不安に対して耳を傾け，健康の回復を優先するよう努めましょう。何らかの問題が生じた場合には早めに相談するよう労働者に伝え，事業場内産業保健スタッフ等と相談しながら適切な支援を行っていく必要があります。

　また，管理監督者や労働者に対しては，教育研修，情報提供を通じて職場復帰支援への理解を高め，職場復帰を支援する体制も作ることも重要です。

Ⅵ　ストレスチェック制度

1　ストレスチェックの概要

　ストレスチェックとは，ストレスに関する質問票に労働者が記入し，それを集計・分析することで自分のストレスの状態を調べる検査です。労働者のメンタルヘルス不調の未然防止を目的として，労働者自身のストレスへの気づきを促し，またストレスの原因となる職場環境の改善につなげるためのものです。労働安全衛生法の改正により，平成27年12月より，労働者が50人以上いる事業所において，すべての労働者に対して毎年実施することが義務付けられました。50人未満の場合は努力義務とされていますが，職場におけるメンタルヘルスケアの取組みの一環として導入を検討してもよいでしょう。実施内容としては，

選択回答式の質問表又はITシステムを用いて，ストレス状況の評価及び医師による面接指導の要否判定を行います。

なお，制度の導入に際しては厚生労働省よりマニュアルや資料が公開されています。以下では，ストレスチェックの実施内容を中心に見ていきます。

【図表8　ストレスチェック制度の実施手順】

```
            導入前の準備（実施方法など社内ルールの策定）
                              │
  ┌─ 質問票の配布・記入  ※ITシステムを用いて実施することも可能
  │           │
ストレス     ストレス状況の評価・医師の面接指導の要否の判定
チェック       │                          │
（全員）  本人に結果を通知        個人の結果を一定規模   ┐
  └                                のまとまりの集団     │ 集団分析
                                   ごとに集計・分析     │ ※努力義務
  ┌─ 本人から面接指導の申出              │             │
  │           │                      職場環境の改善    ┘
面接指導  医師による面接指導の実施
（ストレス         │
が高い人） 就業上の措置の要否・内容
  │        について医師から意見聴取
  │           │
  └─ 就業上の措置の実施
                              │
            「うつ」などのメンタルヘルス不調を未然に防止！

ストレスチェックと面接指導の実施状況は、毎年、労働基準監督署に
所定の様式で報告する必要があります。
```

資料：厚生労働省「ストレスチェック制度導入マニュアル」2015年 p.2

(1) 導入前の準備

　まず，会社として「メンタルヘルス不調の未然防止のためにストレスチェック制度を実施する」旨の方針を示し，衛生委員会で，ストレスチェック制度の実施方法及び実施体制や役割分担などを話し合います。具体的には，次のようなものを決めます。

> ・　ストレスチェック制度の計画づくりや進捗状況を把握・管理する制度全体の担当者
> ・　医師，保健師等のストレスチェックの実施者（外部委託も可能）
> ・　質問票の回収，データ入力，結果送付など個人情報の取扱業務を担当するストレスチェックの実施事務従事者（外部委託も可能）
> ・　面接指導を担当する医師

　この話し合いで決まったことを社内規程として明文化し，すべての労働者にその内容を知らせます。

(2) ストレスチェックの実施

　質問票を労働者に記入してもらいます。質問表には，57項目の「職業性ストレス簡易調査票」が広く活用されています。質問項目としては，ストレスの原因，ストレスによる心身の自覚症状，労働者に対する周囲のサポートに関する内容が含まれています。

第2部　中小企業のための健康経営実践の手引き

【図表9　国が推奨する57項目の質問票（職業性ストレス簡易調査票）】

A あなたの仕事についてうかがいます。最もあてはまるものに○を付けてください。		
1. 非常にたくさんの仕事をしなければならない		
2. 時間内に仕事が処理しきれない		
3. 一生懸命働かなければならない		
4. かなり注意を集中する必要がある		
5. 高度の知識や技術が必要なむずかしい仕事だ		
6. 勤務時間中はいつも仕事のことを考えていなければならない		
7. からだを大変よく使う仕事だ		
8. 自分のペースで仕事ができる		
9. 自分で仕事の順番・やり方を決めることができる		
10. 職場の仕事の方針に自分の意見を反映できる		
11. 自分の技能や知識を仕事で使うことが少ない		
12. 私の部署内で意見のくい違いがある		
13. 私の部署と他の部署とはうまが合わない		
14. 私の職場の雰囲気は友好的である		
15. 私の職場の作業環境（騒音、照明、温度、換気など）はよくない		
16. 仕事の内容は自分にあっている		
17. 働きがいのある仕事だ		

B 最近1か月間のあなたの状態についてうかがいます。最もあてはまるものに○を付けてください。
1. 活気がわいてくる　7. ひどく疲れた
2. 元気がいっぱいだ　8. へとへとだ
3. 生き生きする　9. だるい
4. 怒りを感じる　10. 気がはりつめている
5. 内心腹立たしい　11. 不安だ
6. イライラしている　12. 落着かない

13. ゆううつだ　22. 首筋や肩がこる
14. 何をするのも面倒だ　23. 腰が痛い
15. 物事に集中できない　24. 目が疲れる
16. 気分が晴れない　25. 動悸や息切れがする
17. 仕事が手につかない　26. 胃腸の具合が悪い
18. 悲しいと感じる　27. 食欲がない
19. めまいがする　28. 便秘や下痢をする
20. 体のふしぶしが痛む　29. よく眠れない
21. 頭が重かったり頭痛がする

C あなたの周りの方々についてうかがいます。最もあてはまるものに○を付けてください。
次の人たちはどのくらい気軽に話ができますか？
1. 上司
2. 職場の同僚
3. 配偶者、家族、友人等
あなたが困った時、次の人たちはどのくらい頼りになりますか？
4. 上司
5. 職場の同僚
6. 配偶者、家族、友人等
あなたの個人的な問題を相談したら、次の人たちはどのくらいきいてくれますか？
7. 上司
8. 職場の同僚
9. 配偶者、家族、友人等

D 満足度について
1. 仕事に満足だ
2. 家庭生活に満足だ

【回答肢（4段階）】
A そうだ／まあそうだ／ややちがう／ちがう
B ほとんどなかった／ときどきあった／しばしばあった／ほとんどいつもあった
C 非常に／かなり／多少／全くない
D 満足／まあ満足／やや不満足／不満足

出ストレスチェック指針（平成27年4月15日）より

資料：厚生労働省「ストレスチェック制度導入マニュアル」2015年 p.5

　記入が終わった質問票は，医師などの実施者又は実施事務従事者が回収します。記入の終わった質問票の内容を，第三者や人事権を持つ職員が閲覧してはいけません。

　回収した質問票をもとに医師などの実施者がストレスの程度を評価し，高ストレスで医師の面接指導が必要な労働者を選びます。面接指導が必要となる高ストレス者としては，自覚症状が高い者や，自覚症状が一定程度ありストレスの原因や周囲のサポートの状況が著しく悪い労働者が選ばれます。

　ストレスの程度の評価結果，高ストレスか否か，医師の面接指導が必要か否かの結果については，実施者から直接本人に通知され，企業には返ってきません。結果を入手するには，本人の同意が必要になります。この結果は，医師などの実施者が保存します。企業内の鍵のかかるキャビネットやサーバー内に保管することもできますが，その場合には第三者に閲覧されないよう，実施者が鍵やパスワードの管理をしなければいけません。

【図表10　本人に通知するストレスチェック結果のイメージ】

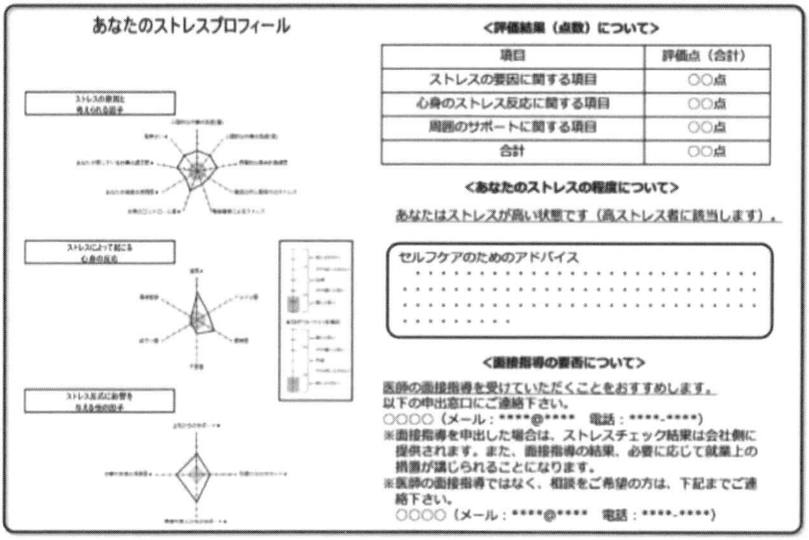

資料：厚生労働省「ストレスチェック制度導入マニュアル」2015年 p.5

(3) 面接指導の実施と就業上の措置

　ストレスチェック結果で「医師による面接指導が必要」とされた労働者から申し出があった場合は，医師に依頼して面接指導を実施します。面接指導を実施した医師から，就業上の措置の必要性の有無とその内容について意見を聴き，事業者はそれを踏まえて労働時間の短縮など必要な措置を実施します。

(4) 職場分析と職場環境の改善

　ストレスチェックの実施者に，部，課，グループなどの集団ごとに，ストレスチェック結果を集計・分析してもらい，その結果を提供してもらいます。集団規模が10人未満の場合は個人が特定されるおそれから，全員の同意がない限り結果の提供を受けることは禁止されています。この集計・分析結果を踏まえて職場環境の改善を行います。

(5) 実施にあたっての注意

　ストレスチェック制度は，労働者の個人情報が適切に保護され不正な目的で

利用されないようにすることで，労働者が安心して受けることができ，適切な対応や改善につなげられる仕組みです。そのためにも労働者のプライバシーの保護に注意する必要があり，事業者がストレスチェック制度に関する労働者の秘密を不正に入手するようなことは禁止されています。ストレスチェックや面接指導で個人の情報を取り扱った者は，法律で守秘義務が課され，違反した場合は刑罰の対象となります。事業者に提供されたストレスチェック結果や面接指導結果などの個人情報は適切に管理し，社内で共有する場合にも必要最小限の範囲にとどめなくてはなりません。

また，労働者が医師による面接指導を受けたい旨の申出をすること，ストレスチェックを受けないことなどを理由に事業者が不利益な扱いをすることは，禁止されています。他にも面接指導の結果を理由として解雇，雇い止め，退職勧奨，不当な動機・目的による配置転換・職位の変更を行うことも禁じられています。

第2部　中小企業のための健康経営実践の手引き

第4章　からだの健康増進のための知識と実践の手引き

　従業員の健康増進を戦略として位置づけて，全社的に取り組むのが健康経営です。**第3章**の「こころの健康」を受け，**第4章**では，従業員の「からだの健康増進」を現場で実践するやり方についての説明と提案をします。
　からだの健康増進のための知識の確認からはじめ，具体的行動，会社が従業員のためにできることを説明して，そのための体制，仕組みの作り方，実践について提案します。

I　健康に関する知識

　従業員の健康の保持・増進を実現するためには，健康に関する知識を理解し，評価し，利用して，健康増進に取り組む能力を習得することが必要です。この能力は，ヘルスリテラシーと呼ばれています。そのために会社が取り組むことは，健康に関する知識を従業員へ提供することです。
　健康経営に取り組むためには，ヘルスリテラシーを従業員が習得することが必要です。また，会社が健康経営へ取り組むためにも，会社がヘルスリテラシーを習得することが必要です。
　第Ⅱ節以降で紹介する健康の保持・増進への取組みを実践するためにも，ここで紹介する知識が必要になります。

【図表1　ヘルスリテラシー】

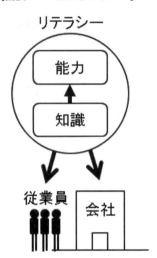

1　健康とは，人間らしく生きるための資源

　健康とは，何でしょうか。健康とは，人間らしく生きるための資源です。

　日本は世界でも有数の長寿国で，今も平均寿命が延びています。しかし，老後に「自立して健康で暮らせるか」ということが課題になっています。老後に，制限なく自立した生活をしていくためには，健康であることが必要なのです。

　従業員の健康は会社にとって大切なことですが，従業員にとっても，自身の長い人生で自立した暮らしを続けるためにも重要なことです。健康増進を図っていくためには，自身の健康状態への意識を高めることが必要になります。そして，日常の中で健康を保持・増進に努めることが必要です。

2　健康の保持・増進の難しさ

　健康は自分にとってもよいことなのに，保持・増進となると難しく感じてしまいます。健康というと「外食ばかりしないようにしなさい」「野菜をもっと食べなさい」「夜更かしはやめなさい」「タバコはやめなさい」「お酒はほどほ

どにしなさい」などといわれ、さまざまな欲求を禁止されて、心理的にも受け入れがたいことが多くあります。

　私たちの周りには欲求を満たすけれど、健康に悪い影響をあたえるモノ・コトが多くあります。健康について理解を深めるために、これらの健康を阻害する要因をみていきます。

【図表2　健康阻害要因】

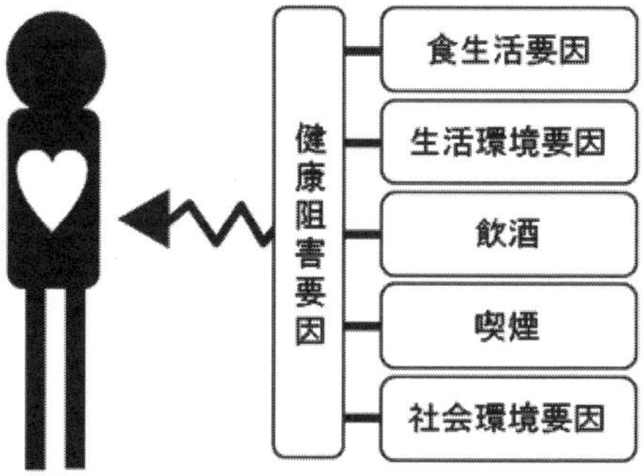

健康阻害要因
- 食生活要因
- 生活環境要因
- 飲酒
- 喫煙
- 社会環境要因

(1) 食生活要因

　私たちを取り巻く食環境についてみてみると、戦後直後における日本の健康問題は栄養失調でしたが、現在は食べるものに困るようなことはなくなりました。しかし、食生活に健康を阻害する要因が見られるようになりました。

　「食生活の欧米化」により、動物性たんぱく質や脂質の摂取が増え、逆に炭水化物や食物繊維の摂取量が減少したり、「栄養の偏り（野菜不足、食塩の過剰摂取、カルシウムの摂取不足）」や過剰にエネルギーを摂取したりするようになりました。健康を保持・増進するために、慣れた食生活を見直したり、無意識に繰り返している生活習慣を改善したりすることは大変なことです。また、「朝食抜きの生活」や「変則的な食事のタイミング」、「早食い」などの食習慣にも健康を阻害する要因があります。

(2) 生活環境要因

　私たちを取り巻く環境は変化しています。産業現場では自動化が進み、職場

に1日中座わったままの業務も増えるなど，職場において体を動かす機会は減りました。また，自動車の普及や交通手段も多様に発展したため，日常生活の中で歩く機会も減りました。

このように，健康を阻害する要因に囲まれて私たちは生活しています。他にも，24時間営業の飲食店やコンビニがあり，テレビやインターネットの普及により食事や睡眠の時間が変則的になる生活リズムを乱す要因が身の回りにたくさんあります。

生活が豊かになった反面，健康を阻害する要因が多くある環境の中で私たちは生活をしています。健康を保持・増進するために，便利さを捨てて積極的に苦労をすることの難しさは想像に難くありません。

(3) 飲　　　酒

アルコールの消費量は，経済成長による国民所得の増加や生活様式の変化により戦後から最近まで増加してきました。飲酒は，適量であれば胃腸を適度に刺激して食欲を増進させたり，動脈硬化を防ぐ作用（飲酒によりHDLコレステロールを増加させるため）があったりしますが，多量の飲酒は健康障害や社会問題につながります。

飲酒による健康障害は，アルコール依存症，肝疾患，がんなどがあり，健康阻害要因となっています。また，飲酒により引き起こされる社会問題は，労働災害，生産性の低下，交通事故，犯罪，家庭の崩壊などがあります。

(4) 喫　　　煙

喫煙率は，経年的に見て男性は低下傾向ですが，他の先進国と比べると高い値を示しています。女性は横ばい傾向ですが，他の先進国と比べると低い値を示しています。

たばこの煙の中には，多くの化学物質が含まれていて，その中の有害物質の内60種類以上は発がん物質，発がん促進物質とされています。そのたばこの煙は肺を経由して血液の中に入って，体の隅々まで有害物質が運ばれ，健康阻害要因となります。

たばこの煙は，肺がん，咽頭がん，食道がん，胃がんなどの死亡率を高めた

り，慢性呼吸器疾患（虚血性心疾患，慢性閉塞性肺疾患）や消化性腫瘍の発生率を高めたりします。

また，副流煙の問題があります。喫煙者が吸い込む煙よりも，煙草の先から立ち上る煙（＝副流煙）のほうが有害物質を含んでいて，喫煙者の周囲にいる人がこの副流煙を吸い込んで健康に影響を与えます。配偶者が喫煙する場合は，副流煙の影響（受動喫煙）により，肺がんのリスクが女性は20％，男性は30％程度増加します。

【図表3　たばこの代表的な有害物質（たばこの3害）】

タール	タールとは，いわゆるヤニのもとです。タールには，有害物質や発がん性物質，発がん促進物質が数多く含まれています。「低タールたばこ」と呼ばれるものがありますが，吸い方により身体に取り込まれるタールの量が変わるため，低タールたばこがタール量の摂取が少ないとはいえません。
ニコチン	ニコチンは，化学物質としては毒物に指定されています。神経毒性の強い猛毒です。報酬系と呼ばれる神経回路に作用して心地よさをもたらすため，強い薬物依存を引き起こします。また，強い血管収縮作用があるため毛細血管を収縮させ血圧を上昇させるため，心臓に負担をかけ，血管の老化を促進させます。子供が誤ってたばこの葉を食べると死に至ることもあります。
一酸化炭素	通常は，血中のヘモグロビンが酸素と結び付いて身体の隅々まで運ばれますが，一酸化炭素は酸素より約250倍強い力でヘモグロビンと結び付きます。そのため，身体は軽い酸欠状態になってしまいます。頻繁に喫煙する方は慢性的な酸素欠乏状態となり赤血球が増えるため，血管の動脈硬化を促進させ，虚血性心疾患を引き起こすともいわれています。

資料：厚生労働省のe-ヘルスネット内の情報をもとに筆者が作成

Ⅱ　健康の保持・増進のための具体的な行動

健康増進のためには，病気にかからないように普段から健康増進に努めることが必要です。第Ⅱ節では，3大死因（悪性新生物，心疾患，脳血管疾患）につながる生活習慣病の予防を通して健康の保持・増進のための具体的な行動を整理します。

1 生活習慣病

　生活習慣病とは，第Ⅰ節で触れた健康阻害要因による，偏った食事や運動不足，飲酒，喫煙，過度のストレスなど好ましくない生活習慣が原因で発症する疾患です。

　生活習慣病はサイレントキラーと呼ばれ，自覚症状がほとんどありません。具体的な症状には，高血圧，脂質異常症，糖尿病などがありますが，気が付かないまま心臓や血管にダメージを与え続け，心筋梗塞や心筋症，脳卒中の発症につながってしまいます。

　このように，生活習慣病は命に関わる恐ろしい疾患に繋がるものです。

2 適正体重をめざして食事をコントロール

　生活習慣病の原因の1つに肥満があります。肥満を予防するためには自分の適正体重を知ることが必要です。もし，現在の体重が適正体重をオーバーしている場合は，食習慣の見直し，改善に取り組むことが必要になります。

(1) 肥満度を知るための数式

　適正体重は，簡単な数式を使用して求めることができます。身長が170cmの人は，$1.7 \times 1.7 \times 22$ となり，適正体重は63.58kgとなります。

身長(m)×身長(m)×22＝適正体重(kg)

　また，自身の肥満度合いを判断するBMI（Body Mass Index）という値があります。これも適正体重と同様に簡単な式で求めることができます。このBMIが25以上は肥満となり，危険信号といわれています。また，BMIが18.5以下の場合も逆に痩せすぎとなりよくはありません。身長が170cmで，体重が75kgの人は，$75 \div (1.7 \times 1.7)$ となり，BMIは約25.95となり，25以上なので肥満となります。

体重(kg)÷(身長(m)×身長(m))＝BMI

　肥満の原因としてエネルギーの過剰摂取が考えられます。ヒトは食事からエ

ネルギーを摂取して，日常生活の中でエネルギーを消費します。この消費されるエネルギーよりも摂取するエネルギーが多い場合は，内臓脂肪として蓄えられ肥満の原因となります。

食生活を見直すときには，日常生活を送るために必要なエネルギーを知ることも大切なことです。1日に必要なエネルギー（kcal）は「標準体重（kg）×標準体重1kg当たりに必要なエネルギー」で求められます。標準体重が63kgで軽労働の人は，1575kcal～1890kcalになります。

【図表4　活動別・標準体重1kg当たりの1日に必要なエネルギー】

軽労働（デスクワークの多い事務員・技術者・管理職など）	25～30kcal
中労働（外歩きの多い営業マン・店員・工具など）	30～35kcal
重労働（農業／漁業従事者・建設作業員など）	35kcal～

資料：e-ヘルスネットの「肥満と健康」から引用

(2) 肥満解消のための手段と注意点

肥満を解消するためには，2つの手段があります。「摂取エネルギーを抑える」と「消費エネルギーを増やす」です。

摂取エネルギーを抑えるためには，毎食の摂取カロリーを確認して過剰摂取しないようにすることが必要です。ここで注意したいのは，摂取エネルギーを必要以上に少なくしないということです。摂取エネルギーを抑えすぎてしまうと，日常生活を送るために必要なエネルギーが不足して，元気が出なくなったり，健康を阻害する原因になったりします。

消費エネルギーを抑えるためには，体を動かしたり適度な運動したりすることでエネルギーを消費することが必要です。また，筋肉を増やすことが基礎代謝を向上させます。ここで注意したいのは，過度に運動をやりすぎないことです。過度な運動は体力を消耗して日常生活の中で疲労感が出たり，関節に負担がかかり怪我の原因となったりします。

(3) 栄養バランスを考えた食事を心がける

食事は摂取カロリーだけでなく，栄養バランスにも気を付ける必要があります。食事をどんぶりものや麺類だけで済ますと，栄養バランスが偏ってしまい

ます。主食・主菜・副菜を組み合わせて、適切な量の食事をバランスよくとることをこころがけることが大切です。

1日分の食事（主食、副菜、主菜、牛乳・乳製品、果物）考えるとき、食事バランスガイド（http://www.maff.go.jp/j/balance_guide/kakudaizu.html）を参考にするとよいです。

食事バランスガイドとは、1日に、「何を」、「どれだけ」食べたらよいかを考える際の参考にしていただけるよう、料理を5つのグループに分け、食事の望ましい組み合わせとおおよその量をイラストでわかりやすく示したものです。

【図表5　5つの料理グループとバランスゴマ】

主食（ごはん、パン、めん類）
副菜（野菜、きのこ、いも、海藻料理）
主菜（肉、魚、大豆料理）
牛乳・乳製品
果実

3　運動を習慣化する

運動というと、つらく、大変なイメージがありますが、健康の保持・増進のために過度の運動は必要ありません。まずは、日常生活の中で今より10分多く体を動かすことからはじめましょう。

体を動かすことに慣れてきたら、もう少し負荷のかかる運動をしてみましょう。簡単な方法は歩くことです。他には、オフィスで座ったままの腹筋運動、階段を利用する、ゆっくり座って、ゆっくりたってスクワットなどがあります。職場でできる運動の内容を考えるときには、健康運動指導士などの専門家に相談するとよいです。運動量の理想は、1日30分歩くことと、同等程度のきつくない運動を週3回することです。

一番大切なことは体を動かすことに慣れ、体を動かすことや運動することを習慣にすることです。運動習慣を身につけることで無理なく健康を保持・増進することができます。

4　飲酒は適量を守る

　多量の飲酒は健康障害や社会問題を引き起こす原因となるので，飲酒は適量を守ることが大切です。適量とは，一般的に日本酒なら1日1～2合，ビールなら大瓶1～2本，ウィスキーならダブル1～2杯になります。

　適量を守ってアルコールと付き合うことは，健康を守ることだけでなく，社会問題を防ぐことで，職場や家庭を守ることにもつながります。

　飲酒のさらに詳しい知識を入手するためには，公益社団法人アルコール健康医学協会のサイトが参考になります。

【図表6　アルコール血中濃度と酔いの状態】

酔っ払い度合い	血中アルコール濃度	酒　　量
爽快期	0.02～0.04%	ビール中びん（～1本） 日本酒（～1合） ウイスキー・シングル（～2杯）
ほろ酔い期	0.05～0.10%	ビール中びん（1～2本） 日本酒（1～2合） ウイスキー・シングル（3杯）
酩酊初期	0.11～0.15%	ビール中びん（3本） 日本酒（3合） ウイスキー・ダブル（3杯）
酩酊期	0.16～0.30%	ビール中びん（4～6本） 日本酒（4～6合） ウイスキー・ダブル（5杯）
泥酔期	0.31～0.40%	ビール中びん（7～10本） 日本酒（7合～1升） ウイスキー・ボトル（1本）
昏睡期	0.41～0.50%	ビール中びん（10本超） 日本酒（1升超） ウイスキー・ボトル（1本超）

資料：公益社団法人アルコール健康医学協会ホームページ（http://www.arukenkyo.or.jp/）

5　喫煙を減らすことと受動喫煙の対策

　喫煙の対策は，喫煙者が喫煙習慣をやめることと，家庭や職場で受動喫煙を

第2部　中小企業のための健康経営実践の手引き

防ぐ対策をすることの2つです。

　たばこには依存性があるため，やめることは大変ですが，病院での治療という手段があります。喫煙習慣をやめることを支援するために，2006年4月から禁煙希望のニコチン依存症患者に対する治療について保険給付の対象となりました。

　受動喫煙を防止するためには，屋内での喫煙への対応になります。屋外で喫煙をするようにすることや，副流煙を換気する装置の設置や，喫煙をする部屋を決めるなどの対策があります。また，職場での受動喫煙対策として，中小企業事業主による喫煙室等の設置などにかかる工費，設備費，備品費，機械装置費などの経費に対して助成する受動喫煙防止対策助成金（厚生労働省）があります。

　以上の2から5にあげた生活習慣の改善に取り組むことが，健康の保持・増進のための具体的な取組みとなります。

　さらに詳しい知識を手に入れるためには，加入している協会けんぽなどの保険者への相談や，厚生労働省が健康に関する情報を提供しているサイトの「e-ヘルスネット」（https://www.e-healthnet.mhlw.go.jp/）」から入手することができます。

Ⅲ　会社のやることは従業員の健康増進の支援

　健康経営へ取り組む会社として，現場で従業員の健康の保持・増進のためは何をすればよいのか。ここでは，会社としてできることを取り上げます。

1　会社ができるのは従業員の行動を支援することだけ

　健康というのは，従業員が第Ⅱ節で紹介した健康を保持・増進するための行動を自ら行うことで実現するものです。よって，会社だけがいくらがんばっても，従業員の健康を実現することはできません。

では，従業員の健康増進のために会社ができることは何でしょうか。健康経営に取り組む会社ができることは，従業員自身が健康の保持・増進へ取り組むことができるように支援することだけです。

　会社ができる支援とは，健康を保持・増進するための知識提供や従業員が取り組みやすい環境を整えるために，必要なモノを用意したり，組織や規則などを整えて仕組みを作ったりすることなどの間接的なものです。

　健康経営のプロセスを全体からみると，従業員の健康現状を把握し，問題点を見つけ，解決策を実施することを繰り返すことを実行することが従業員の健康の保持・増進のための支援になります。

【図表7　健康経営のプロセス全体から見た会社の取組み】

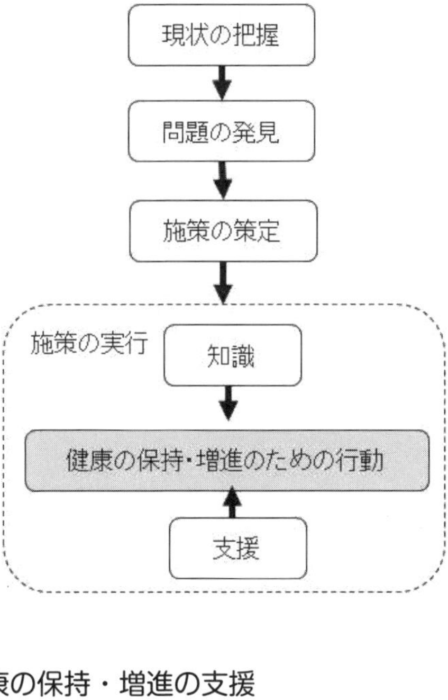

現状の把握
↓
問題の発見
↓
施策の策定
↓
施策の実行
　知識
　↓
　健康の保持・増進のための行動
　↑
　支援

2　従業員の健康の保持・増進の支援

　支援について考えてみましょう。現場の従業員がやる気になって健康のための行動に取り組まないと成果はでません。従業員の健康に関して会社ができることは支援しかないといっても，従業員の健康の保持・増進が実現できないこ

との言い訳にはなりません。

　支援学では,「支援とは,何らかの意図を持った他者の行為に対する働きかけであり,その意図を理解しつつ,行為の質を維持・改善する一連のアクションのことをいい,最終的に他者のエンパワーメントをはかる(ことがらをなす力をつける)ことである」と定義されています。

　支援の最終的な成果は,支援対象のエンパワーメントをはかることで,健康経営の視点で言い変えると,従業員がヘルスリテラシーを身につけ,健康を保持・増進するために自ら行動をすることです。そして,支援する側の会社は,従業員の気持ちを理解しつつ,健康のための行動の質の維持や改善をすることになります。

　支援とは,一方的に健康のための施策を押し付けることではなく,従業員の気持ちを理解することが大切です。従業員の状況を理解し,施策を考え,施策を説明し,施策に対する意見を取り入れ,必要な場合は施策の変更や調整をします。そして,従業員の健康増進に対する取組みをきちんと把握して,維持や改善するように支援することが会社の取組みになります。

【図表8　支援と行動】

会社による **支援** → エンパワーメント(自ら行動する力を付ける) → 従業員の **行動**

Ⅳ　健康増進にチャレンジできる体制の作り方

　体制を整えずに指示するだけでは,成果を得ることはむずかしいです。従業員の健康の保持・増進のための行動を会社が支援するためには,従業員が健康の保持・増進にチャレンジすることを支援する体制が必要です。

1　自社のためのユニークな体制が必要

　従業員が,現場で健康増進へチャレンジできる環境を作るためには,自社の

組織を見直していきましょう。組織を見直す目的は,「従業員の健康に関する行動をよい行動に変えること」です。そのための環境として必要なことは,「行動しやすくすること」と「よい行動を継続しやすくすること」を支援できるかどうかです。

組織を見直すときには,他の会社のマネをしても高い効果は期待できません。それぞれの会社で業務内容,身体への負担,労働時間など働き方などが違うため,会社ごとに健康課題が異なっているからです。自社の状況や健康課題にあわせたユニークな組織でよいので,従業員が健康増進にチャレンジできるように,必要な役割を考えて組織を見直しましょう。

2 成長物語のパターンからみる人の成長を支える要素

従業員の健康増進を支援する体制を考えるときに,昔話に描かれる成長物語の構造を参考にします。

ロシアの昔話を研究していたウラジミール・プロップが昔話百話を分析して,物語の構造を整理した結果をまとめた要素のなかから,共通する「7つの行動領域」に注目します。主人公の成長を支える7つの行動領域とそれらの関係を表したものが,次図の左側になります。

【図表9 7つの行動領域の構造図と,従業員の健康増進で再定義した構造図】

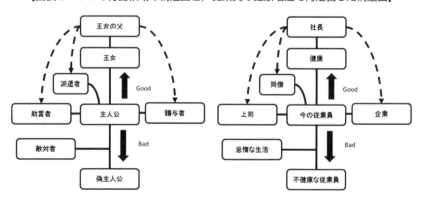

資料:「昔話の形態学」(ウラジミール・プロップ)を参考に筆者が作成。

そして，その行動領域を従業員の健康の保持・増進の視点から再定義したものが，次になります。

【図表10　物語の構造を従業員の健康増進で再定義】

行動領域	説　　明	従業員の健康増進で再定義
①　主人公	物語の主人公	従業員
②　敵対者	主人公へ害を加える者	健康増進を妨害する要素
③　贈与者	主人公へ資源を与える者	健康増進のための経営資源を提供
④　助力者	主人公へ知恵や支援を与える者	健康増進のための知識や支援を提供
⑤　王女とその父	捜し求められる者とその捜査を願う者	理想の健康状態と，理想へ向かうことを依頼する者（＝会社）
⑥　派遣者	主人公を送り出す者	健康増進に取り組むことへ誘う
⑦　偽主人公	主人公に似ているが異なる者	不健康な従業員

3　従業員の健康増進を支援する体制に必要な役割

　組織を無理に変える必要はありません。自社の現状を踏まえユニークな体制を考えるときには，役割から見直すことが有効です。今の体制と必要な役割を見比べて，すでにある役割は明確にして，足りない役割があれば追加してください。その際は，責任と権限をあたえて役割を設定することが大切です。組織を見直して，従業員が健康の保持・増進にチャレンジできる体制を整えるために，成長物語の構造を用いてみましょう。

　従業員（①主人公）の進むべき方向（⑤王女）を社長（⑤その父）が示し，きっかけ（⑥派遣者）を与え，従業員が理想の健康状態へ進むために経営資源を与え（③贈与者），必要な知識や支援を与える（④助力者）。そして，健康増進を妨害する要素（②敵対者）を明確にして注意を促し，望まない方向（⑦偽主人公）へ向かわないよう支援する体制が，従業員の健康を保持・増進することを支援する体制となります。

V 取組みを継続させるための仕組みの作り方

　従業員の健康増進を実現するためには，号令だけではダメで，取組みの継続するための支援が必要です。その支援は，健康の保持・増進のためにチャレンジする行動により，効果が出ているのか否かをフィードバックすることが有効です。

　行動をフィードバックするには，会社が，健康状態を把握するため手段を用意すること，その情報を収集して分析することと，結果をフィードバックする仕組みが必要になります。ここでは，従業員が健康を保持・増進するための取組みを継続させるために，行動をフィードバックする仕組みの作り方を取り上げます。

1　記録に手間をかけないことが重要

　従業員の健康の保持・増進のために，各従業員の健康状態を把握することは不可欠なことです。しかし，記録し報告するために従業員の手間が増えてしまっては，本来すべき仕事ができなくなって生産性が低下してしまい，本末転倒になります。

　近年，さまざまな健康に関する情報を自動で記録する装置が開発され，家電量販店でも購入できるようになりました。その装置を活用することで，自分で記録する手間を省くことができます。

2　健康に関する情報を計測する手段

　従業員の健康に関する情報を把握する手段として計測する器機を紹介します。それぞれの器機にスマートフォンと連動して記録できる機能を搭載されたものが存在します。従業員の記録の手間を省くためには，自動で記録する機能が搭載されているものを選びます。また，それぞれの器機を事務所に配置するのか，各従業員へ貸与するのか，特定の従業員へ貸与するのかを設計することが必要になります。

第2部　中小企業のための健康経営実践の手引き

【図表11　健康に関する情報を計測する手段】

活動量計	活動量計とは，歩いた量や階段を上った量などの日常的な活動による運動量を記録する装置です。腕時計のように腕に巻いて使用します。機種によっては，睡眠時間を記録する機能や，目標値の設定でき，その目標達成のために使用者励ます機能を搭載しているものがあります。
体組成計	体組成計とは，体重以外にも体脂肪などを計測することができる装置です。使用者の身長などを登録することによりさらに細かい数値を計測することができます。1台で十数人の情報を記録できるものもあります。
血圧計	血圧計とは，血圧を計測することができる装置です。特に血圧に関して問題を抱える従業員に対して必要になります。電池で駆動し，持ち運びができる小型のものもあり，どこでも，いつでも計測することが可能になります。

3　健康状態を把握する仕組み

　従業員の健康の保持・増進へのチャレンジを支援するには，各従業員の健康増進への取組み度合いを計測・記録したものを収集，分析，フィードバックする仕組みが必要です。

　そのためには，「記録したものを報告すること」「その報告を収集すること」「収集した報告を分析すること」「分析した結果を従業員と共有するために発表すること」で，取組みの状況をフィードバックするプロセスをまわす仕組みを構築します。

　これまでのように，従業員の健康を保持・増進をするために，体制を見直し，身体的な健康状態を把握する仕組みを用意したら，従業員の健康増進のPDCAをまわす準備は完了です。

　次図の流れで取組みの結果を必ずチェックして，取組みを見直しつづけることが，取組みを継続する仕組みとして重要になります。

【図表12　健康の保持・増進の行動を中心とした取組みの全体像】

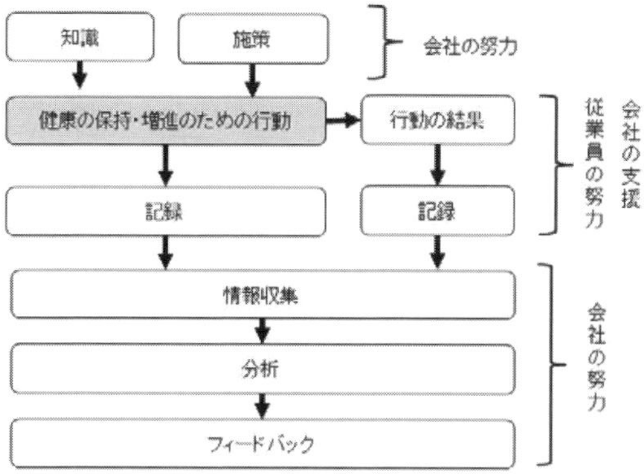

```
        知識        施策     ┐
                             ├ 会社の努力
  ┌─────────────────┐        │
  │健康の保持・増進のための行動│→ 行動の結果  ┐
  └─────────────────┘        │           ├ 会社の支援
        ↓              ↓      │           │ 従業員の努力
       記録           記録    ┘
        
       情報収集    ┐
          ↓        │
         分析      ├ 会社の努力
          ↓        │
      フィードバック ┘
```

資料：第Ⅴ節の3の内容を筆者が図表化したもの。

Ⅵ　従業員の健康の保持・増進の実践の手引き

　第Ⅵ節では，従業員の健康の保持・増進を実践するために，ここまでのことを実践の手引きとしてまとめてみます。

1　健康経営を開始するプロセス

　健康経営を開始するためには，**第1部・第3章**のように，健康経営を進める体制を整えます。そして，健康診断の結果や従業員からのヒアリングから従業員の健康の現状を把握し，自社の健康に対する問題を発見して，自社の業務の特徴や現場からのヒアリングなどを踏まえて，自社の健康問題を決めることからはじめます。

　自社の健康問題は，2つの視点から優先順位を付けて決めます。1つ目は緊急性（すでに疾病が発症していて悪化しないようにすぐに対応），2つ目は効果の大きさ（多くの従業員に関係する問題で，解消に取り組むことで大きな効果が期待できるもの）です。

2 現場で実行する健康の保持・増進の取組み(PDCA)

次に，自社の「健康問題」を解決するための取組みを開始します。この取組みは，1回実行して終わりではなく，実行した結果を評価して継続的改善を行うPDCAサイクルをまわす円環的な問題解決の取組みになります。

PDCAの各プロセスのポイントについては，**第1部・第4章**を参照してください。

(1) 施策の策定プロセス(Plan)

自社の健康問題を解決するための施策を考えます。施策を考えるときには自社の「健康問題」を念頭に置きつつ，第Ⅰ節で紹介した知識を使ったり，外部の専門家などの力を借りたりして取り組むことで，より効果的な施策を作ることができます。

施策は，3つの視点で評価することが必要です。その視点は，「実行できること」「効果があること」「問題の解決に寄与すること」の3つです。施策を実行した結果が測定できるようにすることと，効果の度合いを目標として設定することで(3)の「実行した結果をチェックするプロセス」が有効になります。その測定のためには，第Ⅴ節で紹介したツールを効果的に使用するなど，効果の測定方法も施策策定時に決めます。

考えた施策は，一方的に押し付けるのではなく，現場の声を聴いて，変更や調整をすることが大切です。もしも，施策を考えることが難しい場合には，現場を巻き込んで，みんなで考えることも有効です。具体的には，自社の健康問題から改善する目標を決め，その目標を達成するために「何が必要か」を従業員全員で考えます。話合いに慣れていない組織では，意見を出しにくい場合もあるので，一人3つ以上のアイデア(メモ程度)をそれぞれに書いてもらうと意見を効率よく収集できます。

(2) 施策実行のプロセス(Do)

(1)のプロセスで決めた施策を実行します。第Ⅳ節で紹介した従業員が健康の保持・増進にチャレンジできる体制を活用して，従業員の行動を支援し，第Ⅴ節で紹介したツールを活用して行動を記録するプロセスも支援します。

施策実行するやる気を刺激するためには，各従業員の取組み具合をグラフなどで見えるようにすることや，チームに分けて競わせたり，イベント形式にしてキャンペーン期間などとして集中的に行ったりするなどの工夫が有効です。

(3) 実行した結果をチェックするプロセス（Check）

施策の実行結果をチェックします。ただ指示をして実行をフォローしない取組みは継続しません。ヒトは，見られているとがんばる特性があります。逆に，見ていないと手を抜きます。施策の実行結果をきちんと収集して，分析し，従業員へフィードバックすることが必要であり，重要でもあります。

情報の収集に関しても現場の負荷を上げないようにする工夫が必要です。各従業員が記録した内容を日報や週報に転記するようにするなど，既存の日常業務に取り込む工夫が有効です。自社の業務プロセスにあったやり方を考えましょう。

(4) 改善のプロセス（Action）

チェックした実行結果を定期的に評価して施策や自社の健康問題を改善します。施策が実行されたのか，その実行の結果として効果があったのか，目標を達することができたのかなどの視点から評価します。評価結果から，施策自体の見直しや，改善などを行います。また，状況も変わるので，従業員の健康状態の変化を把握して，自社の健康問題の見直しなども必要になります。

施策を実行した結果をチェックして改善を行い，新たな自社の問題を見つけ出すことで上記(1)のプロセスへ戻り，(1)～(4)のプロセスを繰り返してください。

【図表13　従業員のからだの健康を保持・増進するためのPDCAサイクル】

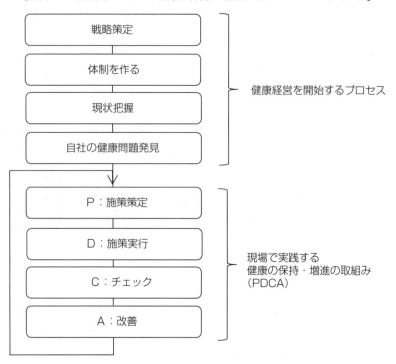

資料：第Ⅳ節で説明した内容を筆者が図表化したもの。

第3部　中小企業でもできる健康経営の現場の声

第1章　中小企業診断士から見る健康経営の現場

　第3部では，実際に健康経営を実践されている方々のインタビューを実施しました。

　第1章では，健康経営を中小企業に広めていく伝道師の役目を担っている横小路八重子先生を紹介します。横小路先生は，現在中小企業診断士として多くの企業支援のコンサルティングを行っております。さらに，健康経営の研究会を立ち上げて，健康経営とは何か，診断士としてどうかかわるべきか，といった啓蒙活動もされています。ここからは，2018年の春に行った横小路八重子先生へのインタビューを紹介します。

I　健康経営アドバイザーの活動の原点

Q 横小路先生のプロフィールを教えてください。

A 美大を出てインテリアデザイナーとして働いた後，外科医の夫と結婚をして専業主婦で30年を過ごしてきました。

　その後，「第2の人生」をスタート

することとなり，企業勤務経験は僅かしかない自分自身のキャリアプランを考え，経験不足を何らかの資格取得で補おうと考えました。これまで主婦業のかたわら，ボランティアで「いのちの電話」をはじめとする相談業務にかかわっておりましたので，その経験が活かせるコンサルタント系の資格を検討しました。

これまでの生活の中で経験してきたことが受験課目として並んでいたファイナンシャルプランナーが目に付き挑戦して，CFP 1級，FP 1級技能士の資格を取得しました。

ファイナンシャルプランナーとして活動するようになって直ぐに3.11の東日本大震災があり，NPO日本FP協会が行政と行った被災者向け電話相談の担当者になりました。日々厳しい現状を聴くなかで，支援をするにはもっと広く深い知識やノウハウが必要だと感じ，中小企業診断士の資格を取得しました。中小企業診断士の資格を取得したことで，経営面や組織面，経営環境なども見られるようになり，活動の範囲を広げることができ，健康に関する知見も活かして，企業の支援を行っています。

Q 横小路先生が健康経営にかかわるようになったきっかけを教えてください。

A 中小企業診断士は，中小企業の多様な業種・業態をサポートする仕事で活動分野は広範です。その状況で，自分の強みを活かせる分野はどこで，自分が何をするのか，できるのかを考えた結果，心臓外科医であり循環器系の疾病を専門としていた夫から長年聞かされてきた，医療や健康，治療や予防，特に生活習慣病に関する知識は一般の方々よりあるのではないか。それなら健康にかかわる分野でお役に立てそうだと考えました。

しかし，これまでの印象として医者の常識と患者の常識のギャップも感じており，まずは私自身が門前の小僧的な知識ではなく，健康に関する一般的な基礎知識をきちんと学び整理したいと思って，健康管理一般指導員（並びに健康管理検定1級）という資格を取得しました。

医療・健康に関する診断士の活動分野には，医療機関や介護・福祉系施設の経営支援もありますが，時折聴く「健康経営」という言葉に関心を持ち，経営学と心理学の専門家でもあるロバート・ローゼンが1980年代に書いた「ヘルシー・カンパニー」を読んで見ました。そこで述べられている「健康経営」の考え方にとても共感・共鳴し，これからの働き方や企業のあり方を考えたとき，自分の知見が活用できるこのフィールドを，メイン領域の1つにしたいと考えて活動を始めました。

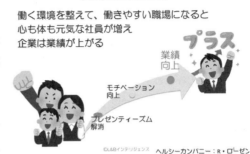

ちょうどスタートした診断士の東京協会（東京都中小企業診断士協会）の研究会へ参加したり，自分自身が研究会を設立することで，私たちなりの健康経営への理論を共有し，企業の方々にお伝えするようになりました。

II 健康経営導入の現場で見えること

Q 大企業と比べて経営資源の少ない中小企業が，健康経営に取り組むことの必要性はあるのでしょうか。

A 経営資源の少ない中小企業だからこそ，健康経営に取り組む必要があります。中小企業は従業員の数が少なく，一人一人が欠かすことのできない大切な役割を担っています。日々忙しいなかで，従業員の方が一人でも健康を害して欠勤すれば，現場全体の負荷が高まってしまいます。よって中小企業では，従業員一人一人の健康がとても重要です。

問題は，欠勤だけではありません。実は，体調不良による生産性の低下も業績に大きな影響を与えています。肩こりや腰痛，体の倦怠感なども，日々の業務の生産性に影響を与えます。

第3部　中小企業でもできる健康経営の現場の声

健康経営を全社的な取組みとして行えば，適度な運動機会の提供や社員食堂での工夫などを職場で用意できます。従業員の心身の健康増進につながることを皆で考えることもできます。それが，結果として生産性の向上にもつながるのです。経営資源の少ない中小企
業でも知恵を使って，いろいろな取組みができますし，それがまた企業の発展にも必要なことなのです。

日本では少子高齢化が進み，労働力人口の減少や，労働力人口に占める高齢者割合の増加が想定されています。高齢者も働く時代には，そのポテンシャルを可能な限り活かすためにも，健康の維持・増進に企業が取り組むことは避けられないでしょう。

Q
横小路先生は，健康経営アドバイザーとしても企業の健康経営を支援されています。アドバイザーとして感じる問題点や課題は，どのようなものでしょうか。

A
健康経営に早い段階から取り組み，適切な対応ができている企業の多くは大企業で，優良企業が大半を占めます。これからは，国内企業の9割以上，全従業員の7割以上を占める中小企業にすそ野を広げていかなければなりません。

これまでは健康経営というと，財務諸表のB／SやP／Lを健全化することと勘違いをされ，取組企業でもなかなか，本質的な意義をわかってもらえないという面もありました。でも，徐々に言葉の周知や意義の理解は広がってきていると思います。

気になるのは，健康経営優良法人などの認定を含め，健康の維持増進が目的化していることです。いままで，従業員の健康に関することは福利厚生として取り組まれてきたため，そこに注目すると健康経営を福利厚生と捉えてしまい

がちです。

でも，健康経営の本来の意義を考えると，それは福利厚生ではなく，経営資源としての従業員の就労環境を有形無形のレベルアップのために投資をし，自社の業務目的を適切に遂行して，業績を向上させる経営戦略なのだと認識してほしいのです。つまり，健康経営にかかる費用は，福利厚生の「経費」ではなく，経営戦略としての「健康投資」と考えてほしいのです

Ⅲ 中小企業による健康経営への取組みの現場

Q 健康経営が必要な背景と中小企業診断士が取り組むことの必要性を教えてください。

A 日本の国民医療費の負担が増加している現状を考えると，国民医療費の負担の適正化が待ったなしの状況です。先程申しましたように，中小企業で働いている方が全体の7割なので，中小企業が健康経営に取り組まないと，インパクトのある成果は出せません。特に医療費全体の3割を占める生活習慣病は，年齢が上がるほど進み，血管も老化して認知症にもつながっていきます。生活習慣病というように，生活習慣を改めれば発症率は下がる病なので，若い現役世代の意識改革がとても重要になってきます。

したがって「医療機関での健康診断を中心とした受診」といった要求水準を引き上げ，従業員の健康の維持増進への取組みをしっかりやることで，現役世代の健康への意識改革が行えますし，結果として経済の活性化を進めて行けます。ちょっと「風が吹けば桶屋が儲かる」的です

が，この経済の活性化という切り口が根本にあるため，健康経営は経産省マターですし，中小企業診断士の役割に期待もされているのです。

第3部　中小企業でもできる健康経営の現場の声

　健康経営に企業が取り組む際には，産業医や保健師，社会保険労務士など多様な専門家がかかわることになります。経営資源の不十分な中小企業に対し，その経営の全体像を診ることができ，枝葉ではなく，根や幹を押さえる戦略を立て，提案ができる中小企業診断士には，健康経営サポーターチームのキーマンとしての役割が求められると思います。

Q　健康アドバイザーとして中小企業診断士がかかわることがメリットだと感じることとして，どんなことがありますか。

A　今述べましたように，健康経営アドバイザーとして中小企業診断士は，多様な専門分野を持つアドバイザーのなかのキーマンの役割を果たせるノウハウとポテンシャルを持っていることが最大のメリットでしょう。診断士は，その会社の現在のよいところを伸ばすことに重点を置きます。企業の財務面はもちろん，事業面や企業を取り巻く環境も考慮して企業のよい点を明確にし，その強み，よい点を伸ばす取組みを支援することが特徴です。中小企業が健康経営に取り組む場合は，できていないことをできるようにするよりも，できていることを伸ばしていくことをまず行います。

　また，中小企業診断士は，企業と他の士業の方との橋渡しも得意としています。健康経営に限らず，診断士の業務は社内規定の取決めや税務処理などさまざまな専門家によるアドバイスが必要になる場面が多々あります。そこで積み重ねた経験値を健康経営でも活用し，たとえば健康経営への取組みのなかで費用が発生すると，それを税務上のどの経費として処理するかなどを，税理士の方と連携して検討します。また，健康経営に取り組むために社内規定の改編が必要な場合には，社労士の方との連携も重要です。いずれの場合も，中小企業診断士は中小企業の現状に合わせた取組み内容やその必要性を専門家の方へ説明し，協力して適切な取組みが行えます。

Q　中小企業は経営資源が限られており，日々忙しいなかで健康経営に取り組むことは難しいと考えてしまいます。中小企業が健康経営に取

り組むきっかけを教えてください。

A 積極的に取り組んでいる企業の多くは，経営者自身や経営陣，社員の大きな病気などで，会社が困難に直面したことをキッカケにしています。会社全体の健康の維持増進に取り組むことが，企業にとって重要なリスクマネジメントであると同時に，生産性の向上と企業の発展には欠かすことのできない重要事項だとの認識からスタートしています。

また，50人以上の企業へのストレスチェック義務化などで，メンタルヘルスへの日頃からの取組みの重要性も認識されるようになってきました。特にIT企業の多くでメンタルヘルス不調の従業員が発生し，対処をしっかりしないと業務が回らないという認識が高まって，従業員のメンタルヘルス対策をきちんとしようという風潮になってきました。リスクマネジメントの面からの必要性に迫られるようなかたちで，ようやく多くの企業が本気で取り組むようになってきています。

さらに，2017年から始まった経産省の健康経営優良法人認定制度も大分認知度が上がって，2018年度はホワイト500といわれる大規模法人部門が前年の235法人から541法人，中小企業法人部門は95法人から776法人と，認定企業が大幅に増えています。企業もCSRの観点も考えて，取得を目指すために取り組もうとしている様子も見えます。

Ⅳ　これから健康経営の支援に入る方へ

Q 中小企業による健康経営への取組みのために大切なことは，何だと思われますか。そして，そこでの中小企業診断士のかかわり方へのご意見をお願いします。

A 健康経営で高く評価されている企業の幾社かは，企業規模にはかかわりなく，経営改善や組織改革が出発点でした。そのためのいろいろな検討や勉強会のなかからワークライフバランスやコミュニケーションレベルの向上が組織活性化に欠かせないことに気がつき，健康経営の考え方も方法論

第3部　中小企業でもできる健康経営の現場の声

の1つとして取り入れたということです。

　これから取り組もうという企業は，「健康経営は従業員の健康の維持・増進のための取組」という考え方からスタートするのではなく，まず自社が今直面している問題を把握し経営改善や組織改革，人材育成など夫々の企業が持つ経営課題を解決しようという観点の中で考えてほしいと思います。

　今話した先駆的企業は，かなり早い段階からの取組みで前例もなく，幾つもの試行錯誤のなかで今の状況を作り上げてきました。そこで築いた経験やノウハウ，そしてデータは徐々に公開されていくと思いますので，そうした事例も参考にしてほしいと思います。

　また，トップダウンで行われる企業よりボトムアップでスタートした企業のほうが，取組みは自主的で工夫があるように思えます。つまり，社長からのトップダウンの指示や担当者の先走りがないほうが，社員が主体性を持って，健康経営の意義を共有しそれを育てていけるのかなと思います。

　しかし，そのようなボトムアップ型の展開は，一歩一歩の進捗で時間はかかります。何らかの成果が明らかになるには，3年程度の時間は見ておく必要があると思います。

　ただ，健康経営取組企業には，早い段階でコミュニケーションのレベルが上がったところが多いようです。中小企業といっても部署ごとで業務を行うような規模になってくると，部署内はともかく他部署とのコミュニケーションは低下し，場合によってはセクショナリズムが生まれたりすることもありますが，全社的な健康経営の取組みは部署間に横串を指すような効果を生み出すようです。つまり社内の風通しがよくなり，それが業績にもよい影響を与え始めているというのです。

　いずれにしても，健康経営への取組みは，無理をせずに後で振り返ったら「あれを実行した結果なのか」というような展開ができればよいと思っています。

　ウォーキングやマラソンへの参加，ジム通い，なんでも健康経営につながりますが，いまの自社に取って何が必要かを掴んだうえで，十分とはいえない経

営資源をどう活かして効果を上げてくか，各社の創意工夫を発揮してほしいと思います。

そのなかで，経営者や企業全体の意識改革に大きな刺激を与え，推進のナビゲーターになるのが中小企業診断士だと考えています。健康経営は，少し前のエコアクションや働き方改革のように推進のための奨励金や助成金，補助金といった経済的インセンティブがありません。私たち診断士も，補助金・助成金等の申請のために一過性でかかわることはありませんし，採択の申請条件に縛られることもほとんどありません。健康経営優良法人の認定条件は取組みの最低条件を求められているだけで，縛られるというような内容ではありません。

各企業の主体的な意志を尊重して，最適なルートを共に考えていける余地があり，これまでとは異なるアプローチからの経営支援を行える点も含めて，経済的なインセンティブがないことが取組み方1つで，むしろプラスに働く側面も大きいように思えます。健康経営アドバイザーとしてかかわる各専門家も，診断士も，企業も，夫々が持つ潜在的な可能性を引き出すことができる取組みともいえるのではないでしょうか。

健康経営と企業の発展
VPC（バリュープロフィットチェーン）の視点で見る健康経営

健康経営の取組
就労環境の改善　コミュニケーション円滑化

ヘルスリテラシーの向上
健康増進・プレゼンティーズム解消　医療費適正化へ

人材の活性化（ESの向上）
サービス品質アップ　生産性の向上

CSR/CSVの実践
地域の健康増進支援　社会的医療費の抑制　企業評価の向上

事業への展開
生産性向上／他社との差別化　新たな健康ビジネス

©LABインテリジェンス

最後に，私たち診断士が心しておきたいのは，お話してきました健康経営の本質的意義をシッカリと理解することです。企業の皆さんから「健康経営って何をすればよいの」「健康経営優良法人の認定，取れればいいよね」といわれて，きちんと説明ができるようでなければ，健康経営アドバイザーのキーマンとはなれません。

少なくとも，中小企業診断士の健康経営アドバイザーであれば，企業が自社の経営課題と向き合う中での経営戦略として，健康経営に取り組み，その意義を経営者や従業員に伝え，共有できるような方向に持って行けるようでありたいと思います。

第3部　中小企業でもできる健康経営の現場の声

第2章　健康経営実践者の声

第2章は，日本テクノロジーソリューション㈱で，兵庫県に本社をおく，資本金5,000万円，年商約7億円規模の企業です。

主力事業は，熱旋風式シュリンク装置の製造販売を行う「テクノロジー事業」と，企業のプロモーション用映像の企画制作やブランディングを行う「ソリューション事業」の2本柱で，総勢30名超の社員で日々新たな挑戦を続けています。

同社を率いるのは，経営コンサルタント出身であり，2代目経営者の岡田耕治社長です。（同社のwebサイト http://www.solution.co.jp/）

I　日本テクノロジーソリューション㈱とは

1　企業概要

同社は，1981年に岡田電気工業株式会社として設立し，岡田社長実父である創業者・岡田順治氏の指揮のもと，長らくブラウン管の検査装置の製造事業を手掛けていました。転機となったのは，1999年，創業者の急死により，現社長である岡田耕治社長が代表取締役に就任したことです。奇しくもこの時代は，ブラウン管テレビが液晶・プラズマに代替される過渡期であり，従来のブラウン管の検査装置製造という事業が急激な市場衰退に晒されていました。

この状況に強い危機感を覚えた岡田社長は，就任後すぐに経営革新への取組みに手をつけました。2001年4月に経営改造会議を行い，経営理念を定め，「座して死を待つか，新たな道を模索するか」という決断により，新事業の確立へと大きく舵を切りました。

その結果として生まれたのが，同社の現在の主力事業の1つであるシュリンク包装装置「トルネード」です。この装置は，フィルムに熱をかけて収縮させ，ペットボトル等の異形容器に皺・ムラなく装着できるという特許取得済みの自社ブランド製品であり，医薬品・食品・飲料・電機業界等のフィルム包装で高いシェアを確保しています。

その後さらなる新分野への展開を志し，2004年に現在の日本テクノロジーソリューション株式会社に社名変更し，顧客からの支持を獲得しながら現在も積極的な事業展開を行っています。

同社は2018年3月に，神戸市に新本社を竣工・移転しました。この新本社は「**エナジーオフィス**」と名付け，元気が出るオフィスとして健康経営や働き方改革を意識したつくりになっています。グリーンの床に白ラインが映えるオフィス空間はラグビー場をモチーフにしており，プロとして職場に立つことを意識させるモダンなデザインです。社内には，運動を推奨するためのシャワールームと女性用パウダールームを設け，景色のよい100人規模のカフェスペースやスタンディングミー

本社オフィス（ラグビー場をメージ）

ONE HUNDRED CAFE

ティングスペース，健康飲料の設置等，さまざまな設備を取り揃え，健康経営への取組みを進めています。

2 「幸せスパイラル提供企業」として

同社は，経営理念として次の言葉を掲げています。

「我々はお客様に対して"問題の発見から解決まで"をお手伝いする。その商品・サービスによりお客様は大満足し，我々はもっといいものを提供しようと努力する。我々は関わる全ての人々（顧客・取引先・社員・株主・社会）を幸せにする『幸せスパイラル提供企業』である」

経営理念により，同社を「**幸せスパイラル提供企業**」であると定義して，そのキーコンセプトを次の3つとしています。

「使命」……成功物語（サクセスストーリー）の演出家
「価値観」……あなたと同じ視点で問題解決を提供する
「戦略」……優れた技術を優れたビジネスにしよう！

1つの事業は，永久に続くものではなく時代や環境の変化により衰退・消滅していくものであるため，企業が永遠に存続するためには常に新たな事業を創出していく必要があります。同社ではこの考え方に基づいて，事業の枠を固定することなく，挑戦する文化を重視する経営方針を打ち立てており，後述のダイバーシティ経営の考え方へとつながっています（同社では，1つの事業を100億円規模に育てるのではなく，1億円規模の事業を100事業立ち上げることを目標としています）。また，この「**幸せスパイラル提供企業**」になるために，**全社員の幸せ**を打ち出しているのも特徴の1つで，健康経営の考え方へとつながっています。

普遍的価値観の関係性

3 健康宣言と「健康経営優良法人」認定

同社では，2016年の11月「健康経営宣言」を制定しました。この宣言は，次の文章ではじまります。

「日本テクノロジーソリューション株式会社は，人の"らしさ"を尊重し生き生きと自由に生きる人たちを増やすことが企業発展の方法であると考えています。人はコスト（費用）ではなくキャピタル（資産）です。万物の霊長としての責任を果たすべく，"物心不二"の考えに沿って笑いと勢いの『はっちゃけ経営』を実践し，新しいことにワクワク感をもって挑戦する**常笑集団**を目指します。」

さらに，その＜重点取組項目＞として，「経営理念の定めるところの**『幸せスパイラル提供企業』**として，以下の重点項目に取り組む，と宣言しています。

> 1 計測・改善のため健康診断および生活習慣病予防検診を100％受診する。
> 2 健康経営推進プロジェクトを発足し，食事・睡眠・運動を楽しく習慣化するための語り場をもつ。
> 3 会社内に健康経営を意識できるツール（器具など）を設置，活用し「エナジーオフィス」にする。
> 4 ミーティングでのハイタッチや元氣体操などを継続実施する。
> 5 春夏秋冬スポーツイベントを各拠点で開催する。
> 6 コミュニケーションを活性化させるチームコンパ開催を支援する。
> 7 社内で体験・経験し，成果が上がれば積極的に公表する。
>
> （これらの）上記を通じて，いかなる環境の変化にも臨機応変に対応出来るしたたか（強か・健か）な企業を目指しその結果100年企業（2076年達成）となる。

この健康経営宣言を実践し，社員が心身ともに健康で生き生き働くためのさまざまなユニークな取組みにチャレンジしている同社は，経済産業省の選定する「健康経営優良法人」に2017年度から２年連続で認定されています。

　岡田社長は，「健康経営は，守りではなく攻めの経営戦略である」という発想で取り入れており，「健康経営を経営戦略の一環として位置付け，更なる業績向上を目指す」と力強く宣言されています。

4　Zoo Projectと「新・ダイバーシティ経営企業100選」表彰

　同社では，経営戦略として，健康経営と同じくダイバーシティ経営にも取り組んでいます。

　経済産業省の「平成29年度　新・ダイバーシティ経営企業100選」として表彰されており，取組み事例がベストプラクティス集として経済産業省のWebサイト（http://www.meti.go.jp/policy/economy/jinzai/diversity/kigyo100sen/index.html）に掲載されています。

　同社では，2008年に新卒採用を開始した当初より「**Zoo Project**（ズープロジェクト）」と題した独自の取組みを行っており，多様な人材が個性を活かして挑戦し続けられる風土づくりに注力しています。このプロジェクトは，「社員の『らしさ』を尊重し，経営に生かす」という同社の姿勢を示すものであり，人間のように他者と比較して悲観するのではなく，カバはカバ，キリンはキリン，とそれぞれの違いや長所を認め，自由闊達でいきいきとした動物界のような組織にしていこうというメッセージが込められています。

　このダイバーシティ経営と健康経営の２つの考え方は，同社の経営哲学の両輪となっており，経営哲学が社員の間にしっかりと浸透していることこそが，同社のベースとなっています。社長が逐

ミーティングスペース

―細かく指示をしなくとも，こうした取組みを推進していく風土ができあがっているため，第Ⅱ節でのインタビューの冒頭で，岡田社長が「健康経営を進めるための特別な意識はしていません」といわれたのが印象的でした。それでは，健康経営が組織風土にしっかりなじんでいる同社へのインタビューを紹介します。

Ⅱ　なぜ健康経営を行うようになったのか

　2018年4月に，日本テクノロジーソリューション株式会社の神戸市の新本社にお伺いし，岡田社長とコミュニティサポート統括部支援チームの疋田リーダーにお話を伺いました。

　岡田社長から経営への熱い想いをお聞かせいただくとともに，笑いも絶えない楽しいインタビューでした。岡田社長にお話しいただいた内容は，以下のようになっています。

1　健康経営を始めたきっかけ

　正直なところ「健康経営を進めるため」という特別な意識はしていません。根底にある，「人的資源を，コスト（払っておしまい，費用）ではなく，**キャピタル（将来の武器，資産）として考える**」という考え方の下で経営を進めていく中で，健康経営の考え方にそのまま重なる部分があった，というのが正直な感想になります。

　実は当社も，1事業に依存した下請け体質の企業としての時代が長かったことで，かつては発想の広がりや主体性がなく，変化を恐れる社員が多い状態にありました。しかし，これからの社会で勝ち残っていくためには，幅広い発想で多様な新事業を立ち上げられる組織であることが不可欠です。そうした組織に変えていくため，いきいきと挑戦し続ける多様な人材を育成することが重要だと考え，変革を始めました。

(右図は社員全員に配布している「経営羅針盤」の人的資源のページです。新社屋移転と社員数が30名超になることを鑑み，今年4月に作成したものです。)

そのときに拠り所となったのが，「人的資源はコスト（費用）ではなくキャピタル（資産）」という考え方です。キャピタルであるからには，資産運用のために投資をします。社員という原石が将来的にどんなものになるのかはわからなくても，当社で採用して働いていただいているわけですから，経営者である自分は，その資産をうまく運用していなかればなりません。

シンプルに，こうした多様でいきいきした人材の育成を徹底して行っているだけです。それが結果的に，ダイバーシティ経営や健康経営となっています。健康経営を進めるための特別なことはやっていない，というのが正直な感想になります。

人的資源をコストと考えていると，必ずミスマッチが起こります。人を大切にすることを本当の意味で実践することが，健康経営だと思っています。人を大切にするというのは，甘やかすということではありません。その人材を会社が鍛え上げ，本当に仕事ができるように育てあげることではないでしょうか。魚を与える（コストとして給与を出す）のではなく，魚の釣り方を教え，自主的に動ける人材を育成していく（キャピタルとしての運用）ことだと思っています。

2　健康経営は長期的な視点で考える

健康経営という言葉だけが有名になりましたが，中身がイマイチわからないという声をよくお聞きします。また，健康経営は浸透しないだろうという声もあるようです。

おそらく，健康経営にピンとこない原因は，その人が健康経営に短期的な結

果を求めていることではないかと思います。しかし，健康経営に対してすぐに結果を求める考え方こそが，結局のところ人をコストだとみなしている証拠です。健康経営は，人材という資産に対する長期投資だという考え方でなければ，うまくいかないと思います。この視点がない人にとっては，健康経営はよくわからない，成果が出ない，浸透もしていかないものになってしまうでしょう。

　また，健康経営を企業のリスクマネジメントとして行うという考え方もあるようです。社員が急に病気で倒れてしまった場合，特に中小企業の場合はなかなか代わりがおらず，経営に支障をきたします。こうしたリスクを低減するため，社員の健康を促進しておこう，という考え方のようです。

　もちろん，健康経営に取り組むことが，企業のリスクマネジメントとして必要だという側面もあるでしょう。しかし，健康経営を攻めの戦略として捉えている私にとっては，守りの面からのアプローチであるリスクマネジメントという考え方は，正直，あまり持ち合わせていません。

　個人である社員には，企業にとってかけがえのない存在となることを目指してもらう，これはもちろん大切なことです。一方で企業の経営者である私の立場からすると，「あなたがいなかったらうちの会社は成り立たない」という社員をできるだけなくし，仕事の属人化を防ぐというのも仕事のひとつです。このせめぎあいが難しいところではありますが，リスクマネジメントはあくまでも経営者の仕事であって，**健康経営は，病気をなくすための取組みではなく，元気を生み出すための取組み**として位置付けています。

3　ダイバーシティ経営

　ダイバーシティというと，女性や高齢者，障害者，外国人等の活用が例としてあげられます。私は，**中小企業にとっての一番のダイバーシティは新卒採用**だと考えています。学校を卒業したばかりの新卒人材の入社こそ，異なる価値観との出会いで，中小企業という組織が活性化する大きなチャンスとなりえます。

　現在の世間一般の風潮では，中小企業の採用は大企業に比べて不利な部分も

あるでしょう。両親からは安定した大企業に就職しろと勧められ，充実した福利厚生やネームバリューのある大企業に就職するのが一番という価値観を持つ学生は，今でも多くいるようです。この風潮を乗り越え，新人を組織へ迎え入れることこそが，ダイバーシティ経営の最たるものと思っています。

　当社では，2008年から新卒採用を開始しました。即戦力ではない新卒社員の採用という初めての取組みにおいて，当時はかなり苦労もありましたが，重点項目として育成・戦力化に注力すると同時に，その後も毎年新卒採用を続けてきました。

　そして現在，当時新卒で入ってきた社員たちが十分に育ってきたことで，彼ら自身が主体的に新卒社員の採用を行い，ともに働く仲間を選ぶというあるべきサイクルが成立しています。これこそが目指していた理想の状態で，10年を経てやっと達することができました。

　自分で会社を探して就職活動に来た学生のなかから，社員たち自身が一緒に働きたい人材を責任を持って選ぶこと，このサイクルが，主体性を持った多様な社員を育てていく正のスパイラルだと考えています。

　そして，このように社員一人一人が主体的に働ける環境にするためには，もちろん社員たち自身が心身ともに健康であることが前提であり，広い意味で，長期視点での健康経営につながると考えています。

4　仕事のプロフェッショナルとして

　クルトレビンの環境の式（注：$B = f(P・E)$　Bは期待行動，fは関数，Pはパーソナリティである能力や意欲，Eは環境である風土や仕組み）にあるように，仕事の成果は，個人と環境の両方の要素が関わってきます。経営者として，もちろん環境は整備します。一方で，最終的には個人という要素に大きく依存する面もあります。だからこそ当社では，社員が挑戦する人間（＝挑人）になり，責任を持って大きなことができるようになるためには，会社として何をすべきかを常に考えています。そしてこれが，幸せスパイラルの式につながっていきます。オフィスをラグビー場に見立てたデザインにしたのもこう

した考えから, プロとしてこのフィールドで全力を出すというイメージの持てるような場づくりの一環です。

具体的な例として, リーダー人材の育成があります。現在のリーダークラスの人材は, 私が直接育てた層

本社玄関入口にある挑人魂の碑

ですので, 私のマネジメントは知っています。では, そのリーダーが新人にどう接し, どう育てていくのか。実際にわかってもらうために, 採用の段階から仕事を任せ, 一緒に働くことをイメージしながら, 採用から育成まで一連を自分で考えてやってもらっています。中堅・若手の育成には特に力を入れており, 自信をつけさせながら仕事をやってもらうことは重要だと考えています。「理想のリーダー像」へのイメージ合わせの議論もしています。その結果, 同社では, ①経営理念・基本構想に基づく判断ができる人, ②挑む人, ③うまくやって最後に笑顔を創る人, が理想のリーダー像であると共有しています。

5 健康経営浸透に向けて

先程もお話ししたように, 当社は, 健康経営の概念持って意識的に取組みをスタートしたわけではありませんでした。社員と議論を繰り返して共有し, 考えをまとめていく過程で, いつの間にか自然と「わが社の健康経営」というものができあがっていったと思います。自然とできたものですので, 違和感がありません。病気でない状態をつくるのではなく, **もともと持っている元気や潜在能力を引き出す機会をつくるのが健康経営**だと思っています。

ただし, 社員にはこうした考え方が自然と身体にしみこんでいますが, 新人はそうではありません。そこで, 「経営羅針盤」という冊子を作成し, 全社員の意識共有のツールにしています。さらに, 広報誌の出版・ユニフォーム作成・社歌の作成・スポーツイベント・個人面談といった取り組みを行うことで, 社員の意識の共有を図っています。継続して続けていくためには, こうした取

組みに投資し，環境整備や雰囲気醸成をしていくことが必要です。

そして，ここで重要なのは，業績に反映させることだと思っています。健康経営の取組みは経営戦略の一環ですので，本来であれば適宜結果を評価し，PDCAを回していく必要があります。しかし，健康経営に関しては，PDCAを回すために短期的・近視眼的な評価をしてしまうと，目的がわからなくなるリスクが高いと危惧しています。たとえば健康経営のある取組みを行った結果，社員に笑顔が増えました。こ

同社の広報誌

れ自体はよいことだと思いますが，では笑顔が定量的にどれくらい増えたかを評価しましょうとなってくると，話が変わってきます。そんなことを計測してどうするのかが不明瞭ですし，あまり意味がないことです。禁煙率何％というのも，それはそれで結構ですが，その結果どうなるのかは不明瞭だと思います。つまり，その数字を追うこと自体が目的となり，本来は手段であることが目的化してしまうわけです。不明瞭なことに関しては，手段の目的化が生じやすいですね。だからこそ健康経営の場合は，業績で評価することが，定量的でわかりやすいと思っています。業績が上がったのであれば，何かが活性化した結果でしょう。だから，業績を指標としています。**業績の向上は健康経営を実践しているからこそで，そんな風になれば健康経営は自ずと浸透していくと思います。**

Ⅲ　これからの同社の経営

1　物差しを変えたい

私の個人的な最終目標として，物差しを変えたいという思いがあります。現在の日本では，「大企業は中小企業よりずっといい」という会社規模の物差し

が重視されているのが現状です。この物差しを完全に変えて，「**中小企業こそかっこいい，中小企業なら自分は成長し活躍できる**」というイメージを世の中にもってもらうことを目指していきたいと思っています。

　就職を考えている学生やその両親は，「寄らば大樹の陰」で一部上場の大企業に入ることが最善の選択のように思いがちです。しかし，昨今の変化の激しいビジネス環境では，それは違うだろうという実感を持っています。専門職として主体的にかかわるなら別ですが，ラインの歯車としての仕事を与えられているにすぎないのに，大企業にいれば安泰と思い込んでいることは非常に危険です。

　私は，常に直接現場に出てマーケットを見ているので，業界の変化を，身をもって体感しています。昨日まで上海に出張していたのですが，たとえば中国での商談は日本のそれとはまったく違います。日本での常識が通用しないのはもちろん，自己主張せずにヘコヘコしていると完全に負けてしまいます。たとえ客先であっても，正々堂々と主張をし，時には声を荒げる必要もあります。今回の出張では，訪問先のすべてで怒鳴ってきました（笑）。通訳をしてくれるのが，私の意を汲むことができる当社の社員だったので，私とテンションを合わせて熱く通訳し，一緒に主張してくれました。

　大企業に就職するのが最善という物差しを変え，この中小企業でワクワクしながら主体的に仕事をしたいと思われるような会社になっていきたいと考えています。

2　健康経営の次のステップ

　次のステップとして考えていることは，当社において仕事への姿勢として掲げている「**挑人魂**」の実践ができている人材を増やし，その影響度を上げていくことにあると思っています。当社に入社する社員は，みんな自分の意志で当社を選択して就職してくれていますが，入社の際に，大企業志向の両親から反対されていたという場合もあるようです。それでも，毎日楽しそうに働きに行く姿を目の当たりにしていると，だんだんと両親も安心してきます。そこには，

本人が楽しみながらいきいきワクワクと働き，挑人として自分の生き方を見つけて仕事をしている姿があります。その姿を見て，両親にも「いいところに就職したな」と感じてもらえる，そんな会社になるように目指しています。

たとえば営業という仕事でも，大企業の看板だけで仕事をしている人と，苦労をしてでも自分の力で挑みながら働いている人の差は，歴然としています。当社の社員が挑人魂を持ち，どこに出ても成果の出せる，自ら仕事を取ってくる人材に育っていくよう，人材の強化を今後も進めていきたいと思っています。

3　他の中小企業への健康経営推進へのアドバイス

正直，この質問は想定していなかったというか，考えたこともないのですが，もし健康経営に興味を持っているけれども，実践に移すのをためらっている会社があるなら，**100年の長寿企業を目指すには**，ということを突き詰めて考えてみてはいかがでしょうか。企業を長く継続していくために，従業員にもいきいきと長く働いてもらいたい，という視点を持つのであれば，健康経営は有用な取組みの1つだと思います。そして，健康経営を風土として定着させていくことが重要だと考えています。

当社の例になりますが，会社として健康経営を掲げていることで，ある中年の社員が毎日，途中で電車を降りて，2駅前から歩いて通勤しています。もちろん強制しているわけではなく，本人は楽しんで継続してくれているのですが，体型も締まってきて非常によいことだと感じています。こうした会社の風土ができあがっていくことは，個人にも会社にもプラスになることです。

当社が会員であるKENKO企業会で，少し前に話題にあがった健康アプリが，歩幅・歩数・距離といったデータを，チーム対抗で競い合うというものでした。このアプリも，中年社員の方が継続して利用しているようです。

ダイバーシティ経営の展開で先程から新人の話ばかりしていましたが，健康経営というきっかけさえあれば，むしろ40歳代，50歳代のほうが継続して取り組んでくれるため，風土として根付くという一面もあると感じています。

あくまでも，自発的に取り組む風土として定着しなければ，継続性はありま

せん。**健康経営推進イコール組織風土をよりよいものにもっていくこと**だと思っています。マネジメントがあり，仕組みがあり，そしてそれらが統合して組織としての風土ができていきます。強制でなく自然体で風土ができていく，そんな経営を目指していくことかな，と考えています。

　当社では，出勤日である土曜日に，全社員参加で登山やスポーツ等，イベントを行っています。普通に考えれば，社員の中から「（売上にならない）そんなことをやって意味があるのか」といった意見が出ることが予想されます。しかし不思議なことに，当社ではそうした否定的な意見がまったく出てこず，むしろみんな盛り上がって楽しんでいるのです。最初は，経営者である私に否定的な意見が聞こえないようにしているのかと思っていたのですが，どうもそうではなく，本当に社員みんなが主体的に取り組んでくれているようです。

　私が，すぐに売上にならないような新事業を提案したときも，「面白い，だから，やりましょう」という社員ばかりです。他の企業様の参考になるかわかりませんが，費用対効果という尺度だけで物事を判断するのではなく，ワクワク感を持って仕事をする"常笑集団"であることを大切にしています。やらされ感のある仕事では，だめなんです。

　この組織風土を根付かすために，いやいや仕事をやっている人からはその仕事を取り上げ，他に人にやってもらうという形にしています。だからこそ，当社の社員には，**仕事は自分で取るものだ，**という意識が非常に強く，それがよい方向へと進んでいると感じています。こうしたことを意識していけば，健康経営も実務に直結した展開になっていくと思います。

4　浸透のためには，伝達でなく伝播で

　最後に，健康経営を含め，考え方を組織に浸透させていくうえで必要だと思っていることは，「情報共有でなく意識共有」です。平等に情報伝達をしていても，人によって大きな反応の違いがあります。これは，その情報を受け取る本人の当事者意識の差だと感じています。同じ情報伝達をしても，受け手側の感度の違いで，最終的な結果が変わってしまいます。

これをどうしていくか，私なりに考えていました。本人は何を求めているのか，せっかく素質があるのに伸び悩むのは何故か，日頃から社員に注目して考えているうちに，自分なりに１つの答えを見つけました。

それは，企業において大切なことは，「伝達よりも伝播」であるということです。単に情報を流しているだけではないか。これを意識するようにと社員にも伝えています。相手の状況を理解しないままだと，伝達はできても伝播はしません。たとえば，言葉のギャップです。私が直接育てた世代の社員は，「主体性」「目的」「本質」といった言葉でも，咀嚼して理解してくれます。その一方で，若手には「相手の楽や自分の楽を考えよう」というように，言葉の抽象度を下げないと意味が伝わらないこともあります。もし，意味が伝わらないまま言葉だけが独り歩きしてしまうと，変な方向に進んでしまう恐れもあります。こうしたことにも，社員との個別面談で腹を割って話し合うことで，気づくことができました。

5　インタビューを終えて

多忙なスケジュールのなか，岡田社長にはインタビューのために貴重な時間を割いていただき，その熱い想いを知ることができました。

インタビューの中で感じた同社の強みは，トップの情報発信力です。シンプルかつ明確でぶれることがなく，しかも何度も何度も発信しています。だからこそ，社員達が共感できるのだということを実感することができました。また，新卒社員に対してだけでなく，若手，リーダー，そして中高年の社員も含め，全社員に対しての岡田社長の細やかな気配りも感じることができました。これも，岡田社長が社員の共感を得ている一因だと感じました。

インタビューのなかで，岡田社長が本当に困ったときには，経営理念に戻って考えたというお話がありました。これは，中小企業における理念経営の在り方だと感じました。さらに，若手社員からこの言葉が出たことがあるというのが驚きでした。仕事を任され，一人で勝負していた若手社員がその経験から得た糧は，まさに岡田社長と同じく「困ったら経営理念に戻る」という考え方

第3部　中小企業でもできる健康経営の現場の声

だったとのこと。このエピソードにも，同社が共感や一体感のあふれる企業であるということが表れているな，という納得感のあるインタビューでした。

　インタビューの最後に経営羅針盤に載せている井上陽水さんヒット曲「夢の中へ」の紹介をしていただきました。これは新人採用の際に新社会人へ伝えたかった岡田社長の心からのエールです。「這いつくばって」「這いつくばって」「一体何を探しているのか」「探すのを止めた時に見つかる話もよくあることで」。まさにこれだよな，といわれたことが印象的でした。

　今回のインタビューを通じて，健康経営を広めるためには，結局は企業経営の王道をしっかりとやっていくマネジメントが必要だと感じました。**「健康経営とダイバーシティ経営は，長い目で見て企業の業績向上につながる」**，これはシンプルでわかりやすく，また取り組みへのモチベーションを生み出します。岡田社長率いる日本テクノロジーソリューション株式会社がこれを体現していく，という強い意思を垣間見た貴重な機会でした。これからの同社の発展を，心より祈念したいと思います。

第3部　中小企業でもできる健康経営の現場の声

第3章　健康経営実践を支える事業者の声

　第3章では，健康経営というコンセプトの裾野拡大に向けた支える事業者のインタビューを実施しました。第Ⅰ節では，体を動かすことが大好きで，ご自身のワークの中核コンセプトに置かれているデザイナーの藤丸祥次氏，第Ⅱ節では，活動領域をはり治療院だけにとどまらず，新たな健康増進のためのツールである「ノルディックウォーク」の普及活動も行っている田村憲彦氏を紹介します。

　まだまだ新しい経営での概念である「健康経営」を一般企業に浸透させていくには，これらのサポーターの存在も欠かせません。

　お二人の取組みを是非ともご参考にしてください。

Ⅰ　デザインで応援する
〜FUJIMARU DESIGN STUDIO〜

　同社は，デザイナーの藤丸さんが同じデザイナーの馬場由美子さんをパートナーとして事業を進めているデザイン事務所です。今回のインタビューも両者で受けていただきました。

第3部　中小企業でもできる健康経営の現場の声

Q なぜ、この仕事をやるようになったのですか。

A （藤丸さん）　もともと小さい頃からモノづくりが好きで図画工作少年でした。さらに亡父が一級建築士でしたので、その影響もあったのかもしれません。何かを創ることで得られる喜びを知っていたので、19歳でイギリスへ渡り英語のレベルアップから始め、最終的にはロンドン芸術大学で空間デザインを学んできました。計6年イギリスにいたのですが、帰国後は東京でデザイン会社に就職して、その後独立して現在に至っております。

（馬場さん）　私も小さい頃からものづくりや絵を描くことが好きでした。子供の頃はフェルトやビーズでブローチなどを作って母にプレゼントしたり、作ったものを喜んでもらえることも嬉しくて、いつしか作ることを仕事にしたいと思い、デザインの専門学校に入りました。卒業後に藤丸と同じデザイン事務所に就職して、そこからずっと一緒に仕事をしています。

もともと運動も自然も好きでしたが、藤丸の影響で山登りやマラソンなどもやるようになり、他にもお料理や健康についてもいろいろと感化されました。

今までは商業的な空間のデザインをすることが多かったですが、これからはもう少し「人に寄り添う」デザインをしていきたいという思いがあります。

（藤丸さん）　馬場と仕事をしていてありがたいのは、僕一人の視点じゃなくて、もう一人の視点があることです。複数の視点があることで、いろいろなことのレベルがあがり、内容が深まるのを実感しています。

独立してからは、デザインだけをやっているのではなく、ビジネスとしてプロジェクトを進めていく、その違いと大変さを痛感しています。また、営業活動や事務作業を含めデザイン以外の仕事の多いことには驚いています。しかし、働いていたデザイン会社のお師匠様にあたる方から10年間いろいろと学ばしていただき、独立への準備を2年程させてもらい現在に至っておりますので、今は自分の事務所の成長を楽しんでおります。

左から,馬場さん,藤丸さん

Q 現在の主な仕事は,どんなことが多いのでしょうか

A 現在,大手化粧品ブランドの店舗開発の新規出店やリニューアルのデザインパッケージを任せてもらい,この仕事が1つの大きな柱になっています。また,自分は英国の大学出というデザイナーとしては少し変わった経歴なので,英語を介しての仕事も少なくありません。内装の設計施工の大手企業から,日本で展開している外資系ホテルブランドのプロジェクトを,コーディネーター兼デザイナーとして,仕事をいただいております。また,社会福祉法人向けの仕事も経験があり,障害者の方が誇りをもって働ける就労支援の場として,ベーカリーショップとカフェの2店舗のデザインを手掛けました。いずれの店舗も従業員だけではなく,その家族の方にも誇りと喜びを持っていただいているようで,従業員の定着もよく集客も成功しているようです。これもこれからお話する健康関連の仕事と同様に,ライフワークとして考えており,今後もしっかりと注力していきたい分野です。

Q では,健康経営へのかかわり,まずはそのきっかけを聞かせてください。

A 独立して仕事をしていくなかで,「ライフワーク」として自分の人生をかけて取り組むテーマが欲しいと考えだしました。その時心に浮

かんできたキーワードが「自然」と「健康」でした。自分自身が三重の田舎で自然に囲まれて育ち，大人になってからも山登りなど自然の中で過ごすことが多かったこと，また運動が好きでヨガを10年来継続していたことから，「自然の中での感覚」や「心と身体のバランス」だったり，「心が健康にどう影響するか」といったことに関心を持ってきました。この「自然」と「健康」というキーワードに，本業である「デザイン」を組み合わせて仕事ができたらいいなという思いが1つの大きなきっかけです。デザインの力で健康を応援するイメージですね。そんななか，あるコンサルタントの先生から「健康経営」の話を伺ったときに，自分達がこれからやっていくことが何かお役に立てるのではと思い，いろいろと勉強を始め，「健康経営アドバイザー（初級）」の資格も取得しました。

　いきなり「自然」や「健康」に関するデザインの仕事をいただけるわけでもないので，自分達の想いをまずは形にして展示会で発表しようと思い，第一弾として立ち上げたブランドが運動家具®「Daily Tempo」です。

Q 今回，藤丸さんと馬場さんが企画・開発したその運動家具「Daily Tempo」について詳しく教えてください。

A リサーチのためにいろいろな高齢者福祉施設を見学していたときに，施設長の方々が口を揃えておっしゃっていたのが，日々の運動やストレッチの大切さと，いかにそれを続けてもらうのが難しいかということでした。エクササイズルームにいわゆるジムマシンを設置してあっても，ハードルが高くなかなか続けられない。スタッフの付き添いが必要など，さまざまな問題点をお伺いしました。そこで，「毎日ちょっと」の運動やストレッチを無理無く続けられるものをデザインしようと思い，開発したのが運動家具です。運動機器ではなく運動家具としたのは，やはり木を使うことでぐっと身近に感じられるというのと，どんな空間にも合わせられるという意図があります。少しユニークな形状で，機能はとてもシンプルにまとめました。高齢者の毎日の運動習慣づくりはもちろん，施設で働くスタッフの方のケアやオフィスでの健康づ

くりにも使ってもらいたいと思っています。

　こうして開発した運動家具「Daily Tempo」は，3つのアイテムで構成されています。①コミュニケーションを取りながらストレッチ・エクササイズができるコミュニケーション・ステップ，②手すり付きで安心なふくらはぎストレッチスタンド，③座りながら背伸ばし，ひねり動作を行うロールベンチです。

　コミュニケーション・ステップは，1人で黙々と運動するのではなく，みんなで向かい合って和気あいあいと体を動かすことを目的としています。一人では億劫になってしまうこともありますが，みんなと声をかけながら行うことで楽しみながら健康づくりができます。意外にもオフィスの方にも受けがよく，これを使いながら手軽なミーティングをしてもよいのではというユニークな意見もいただきました。この企画には理学療法士の方にもチームに入っていただき，運動家具用の運動プログラムを作りました。認知症予防になる脳トレと運動を組み合せたプログラムはとても面白く，展示会でもたくさんの方が反応してくださいました（運動家具の動画はFUJIMARU DESIGN STUDIOのHP

第3部　中小企業でもできる健康経営の現場の声

参照。www.fujimarudesign.jp）。

Q この「Daily Tempo」という名称には、どのような思いが込められているのでしょうか。

A 日常の生活にテンポを作りましょう、という意味でこの名称にしました。日々継続する運動やストレッチが、日常にメリハリをつけるというか、楽しいリズムやテンポを与えるようになってほしいという願いからきています。ネーミングは毎回最後まで悩むのですが、今回もかなり時間をかけて考え、最後は納得いく名称が決まりました。

Q 運動家具を発表した展示会は、どのようなものでしたか

A 東京ケアウィークという介護業界の展示会で2018年の3月14日から3日間、東京ビックサイトで開催されました。その中の、CareTEX 2018という介護用品展・介護施設産業展・介護施設ソリューション展が1つになった展示会に、FUJIMARU DESIGN STUDIOとして、「運動家具　Daily Tempo」を出展しました。ブースデザインにもこだわり、運動家具自体も木を使用した目を引くデザインだったこともあり、たくさんの方に見に来ていただくことができました。

Q その展示会での反応は，どのようなものでしたか。

A たくさんの方に興味を持っていただき，商談につながる引き合いもたくさんありました。個人での出展という非常に大きなチャレンジでしたが，本当にやってよかったと思いました。

介護業界も，他の業界と同じくAIなどハイテク・デジタルなものが主流を占めてきていますが，そのような状況でも人はアナログなものを求めるといったニーズが結構あることを展示会での反応で再確認しました。健康維持のためにプレッシャーではなく，楽しんで続けられること，この継続性が一番のポイントと考えています。ハードルを低めにした無理のない「気軽さ」が，多くの人への広がりには必要だと感じました。また，施設で働かれているスタッフさんが健康でないと，よいサービスを提供するのは難しいと思っています。ぜひ，スタッフさんやオフィスワーカーの方たちにも「運動家具」を使っていただきたいという私たちの思いを説明すると，多くの方が納得して下さいました。

Q これからは，どんな展開を考えていらっしゃいますか。

A 自分のキャリアの第2章として，デザインの力で健康を応援していくプロジェクトを多く進めて行きたいと思っています。「運動家具」のような単体のアイテムだけでなく，より空間全体のデザインやコーディネートを仕事の中心にしていくのが目標です。建物の内装だけでなく，例えばお庭までデザインの範囲に含めて，施設全体の環境をトータルにデザインやコーディネートしていきたいと思っています。

健康経営優良法人の認定審査の要件のなかに，メンタルヘルス対策，運動の機会を増やす，コミュニケーションの促進，という3項目あります。デザインで特にサポートできる項目ですので，この3つをターゲットと捉えて，ここをよくしていくために「健康空間」を提案していきます。ただ単なる表層的なものではなく，その場で過ごす人のこころや体を整える効果がある空間をつくっ

第3部　中小企業でもできる健康経営の現場の声

ていきたいと思います。

　デザインには，さまざまな問題を本質的に解決できるという力があります。そこに自分のテーマでもある「健康」や「自然」を組み合わせて，それが人のお役に立っていくようになれば，もうこれ以上の幸せはないです。今回の「運動家具」をはじめ，今はいろいろな種をまいている状態ですが，これからどうやって育てていこうか楽しみにしています。

Ⅱ　ノルディックウォーキングを普及させる
～田村はり治療院～

Q なぜ，この仕事をやるようになったのですか。

A 小さい頃から興味のあった電子系の技術で人の役に立つ仕事をしたく，東京電機大学の高等学校電子科，大学は電子工学へ進みました。大学は夜学で日中は母校の高校で実験の助手をし，卒後もその道へ進むつもりでした。ところが，交通事故に遭い健康の大切さを身に染みて感じました。何が幸せかは人それぞれですが，「健康があってこそ」という土台は共通していると思い，人の役に立つ仕事はこれだと確信し，現在の職業へ進路を変え開業することになりました。

　私自身，中学生の頃から鍼灸を受けていて，陸上競技をやっていて鍼灸の効果は運動器だけではなく消化器など内臓の働きにも効果があることを実感として持っていました。それで，鍼灸なら全体的な手助けができるのではと考え，鍼灸師を目指そうと思いました。

ホメオスタシス（恒常性維持機能）
この3つが互いに影響し合い，心身全体を調整しています。

田村氏が考える鍼灸のインパクト

Q 開業は，どんな感じで進められたのですか。

A 開業資金等もあまりないので，まずは自宅から往診を中心に開始しました。結構重症な方にかかわらせていただく機会が多く，「もっと予防的にかかわっていたら重症化を防げたのでは」と考えるようになりました。そこで，予防や健康寿命延伸に関する勉強に力を入れ，（地独）東京都健康長寿医療センターの介護予防主任運動指導員や，（一社）全日本ノルディックウォーク連盟の公認指導員の資格も取得してきました。これからは，来院の利用を中心にして，予防的にかかわっていきたいです。とはいえ，これまで往診で診ていた方をこちらからお断りすることはありません。ただ，徐々に施設に入る方が増えたりして，自然と往診の利用者様が減ってきたのと，昨年から探し始めた来院中心を考えた治療院の移転先が，今年に入って見つかったので。今は本当に重度の方のみを訪問で，原則来院で患者さんへ施術を行っております。往診中心から来院中心へ向かうために，留守にしても目立たないよう奥まった隠れ家的立地という，かなり利便性の悪いところへ一度移転しておりました。今回は，今年3月に利便性のよい成増駅から徒歩5分で人通りのある道に面し，入り口も見える立地に治療院を構えました。

Q 鍼灸師以外の資格もお持ちですね。それはなぜ取得されたのですか。

A 今回の「健康経営」の話では，「ノルディックウォーク」の公認指導員，この資格と普及活動が一番ぴったりとくるので，まずはその話からします。この「ノルディックウォーク」は足腰に痛みのある方への治療法や予防法としても効果があるものです。歴史は新しく1997年にフィンランドでスポーツ医科学者が「最も簡単で運動効率が高い全身運動」と発表した運動法です。スキーのクロスカントリーのような雰囲気で，スキー板はありませんが2つのポールを両手に持ち，足と手の動きを逆に（左足を前に出すときは右手を前に出す）して，歩行するものです。上半身も使うため見かけによらず全身

第3部　中小企業でもできる健康経営の現場の声

運動で，スポーツジムでのマシンを使ったトレーニングよりも簡単かつ安全に運動できる点がメリットと思います。このノルディックウォークを知ったキッカケは，自分が仕切り役を務めたある講演の演者に友人が決まったことでした。彼はノルディックウォークの普及に力を入れており大きな大会にも携わっており，自分も興味をもってやってみると，高校時代に靱帯を完全断裂し不安定だった足首の関節の安定性が増したことで，これはと思いました。また，あまり歩かないでデスクワークをやっていると膝に痛みが出ていたのが，ポールを使って歩くと痛みが軽い状態になるのを実感しました。「健康によいもの」という話は巷では非常に多いのですが，自分で実際にやって効果を確認できたもの，これは人に安心して薦めることができます。だからこれを世の中に広めよう，そのためにはまず近所からと思いました。その一方でこの「ノルディックウォーク」の歴史が浅いために，効果の検証といったエビデンスが足りない，という欠点もあり，この点を改善していく必要があると思っています。

鍼灸の治療をやっていて，運動は大切だからやりましょうね，と患者さんにいうものの，実践につなげるところに難しさを感じていました。今，もともと足腰の痛みを抱えていてなかなか歩きたくないという方に使い方を教えてポールをお貸ししています。実際に使っていただくと，だいぶ痛みが減り，歩行の安定性は増し，移動距離が格段に伸びて，買い物に行けなかった方が買い物に行けるようになり，行動範囲が広がっているようです。また，歩くことが加わり治療成果の面でも相乗効果を感じております。

Q　「ノルディックウォーク」以外の資格は，いかがでしょうか。

A　まずは，このような仕事と健康に興味を持っているので，普段アドバイスをもらっている中小企業診断士の先生に勧められた「健康経営アドバイザー」（東京商工会議所がその試験実施機関で，平成30年3月末現在は「初級」のみ）を取得しました。この資格を取得してこれをアピールすることで，特に経営者や役員の患者さんへのアドバイスのベースとなる知識の1つ

になっています。最近では，アドバイスを元に社内面談でウォーキング面談を取り入れ，とても話しやすかったなどの好評を得ているケースがあります。歩く事でストレスの軽減もあるかも知れませんが，私が一番に考えたのは，一緒の行動を取りながらの会話は親近感が湧き，話しやすくなり仕事上の人間関係によるトラブル抑止になればと考えてのアドバイスでした。効果の程はまだ判りませんが，人間関係の円滑さやメンタルトラブルによる休職・離職の抑止支援に繋がればと期待したいです。それから，面白い資格？称号？としては，「カワウソマイスター」を池袋の水族館の運営会社からその名称を戴きました。もともと凝り症であり，水族館や動物園などでカワウソを観察しながら，同運営会社が全国展開しているSNSに一頭一頭その時々の様子を楽しく投稿していたら，先方からマイスターに認定します！ということになりました。職業柄，観察眼や人への説明への自分なりの工夫をしていることが，ひょっとして評価されたのかもしれません。

Q 本題でとして，まずは「健康」に関してのお考えを教えてください。

A そうですね。健康にはまずWHOの前文に「健康とは，病気でないとか，弱っていないということではなく，肉体的にも，精神的にも，そして社会的にも，すべてが満たされている状態にあることをいいます。（日本WHO協会仮訳）」とあります。

つまり，図のように，「心身活動」「食事栄養」「睡眠」「社会活動」，これらのバランスの中で健康は成り立つものです。

たとえば，最近多いメンタル面での疾患は，情動の面が負の動きによるものですが，それだけでなく，たとえば心身活動の「心」だけでなく，「身」の部分をしっかり動かすことが改善の余地がある

と思っています。メンタルでの障害を抱えている方には，身体を動かさない事務作業を中心の方が多いのも，その一因と思っています。その解決のために，自分がお手伝いできることとして，能動的な部分が「ノルディックウォーク」による運動であり，受動的な部分が「鍼灸の施術」と思っています。

　まず「ノルディックウォーク」ですが，軽くできて全身を使うものです。時々杖と誤解される方もいますが，杖は1本で片方に荷重をかけるので，バランスが悪く逆に症状を悪化させるリスクもあります。あくまで歩行を緊急避難的にサポートするやり方です。その反面「ノルディックウォーク」は，両方でバランスを取りながら，合わせて体を動かすので症状の改善に役立てることができます。通常の歩行では体の筋肉の5割程度を使っているといわれていますが，ノルディックウォークは全身を使った運動なので，人によって差があるのですが，約9割の筋肉を使い消費カロリーも3割程度アップするので，「ややきつい位の運動」が効果的といわれるメタボ対策としても効果的です。ポールを使っているので，全身運動でもそれほどつらさを感じません。さらに，メンタルヘルスの改善にも期待が高まっています。

　次に，本職の鍼治療院です(笑)。東洋医学的な見地も用いますが，主に現代医学的見地からのアプローチで身体に軽い刺激を与えることで，反射を起こしてよい方向に導いていくという対応の仕方です。昔は大家族制であったので，よく老人がその施術を受けながら，若い層にその効果を伝えるので，若い方も受診される方は多く存在しました。しかし，最近の核家族化の流れで，若い方が鍼をうけるということは非常に減りました。自分としては，薬と併用が可能で，問題になっている薬の副作用を軽減や減薬にも役立てられ，また，薬に頼らない本来ご本人が持つ自然治癒の働きを助力する「反射」を利用したのが鍼灸治療だと思っています。この未来の医療に役立つ知見の意味も含め，後世に伝えていく使命感を持っています。そのため，臨床だけではなく学会などの活動にも尽力しており，現代から未来の方々にまで「健康」に役立てていただきたいと思っています。

Q 健康経営の視点では,「ノルディックウォーク」はどのように広めていきたいとお考えですか。やはり,東京という土地柄,事務職に携わる方が多いですが,一方で日常的に意識して運動をする方もいますね。

A そうですね。日常的に運動している人はポールを使った歩行で全身のバランスが取れるので,コンディショニングに使えると思います。それから,事務職などで体を使わない方はせめて通勤時に一駅手前で降りて歩く距離を延ばすなどからはじめてもよいと思います。その時にポールを使えば,さらに効率よく運動ができると思います。

このポールは長くて大きいと思われがちですが,折り畳み式のものだと40数センチ程度でケースに入れて持ち歩けます。ポールがあれば,会社の中でストレッチにも使っていただけます。

Q 「ノルディックウォーク」のポールを使ったストレッチには,どのようなものがありますか。

A 普段なかなか大きく動かせない関節も,ポールを使う事で自分の力で広く動かすことができます。ここでは,気軽に取り入れられるものをいくつか紹介します。

第3部　中小企業でもできる健康経営の現場の声

Q ポールを使ったストレッチは，ジムのマシンを使ったトレーニングの動きにも似ていますが，特徴や効果の違いを教えてください。

A ジムのマシンを使った場合は，的確に特定の筋肉に目標負荷を掛けることができるのが最大のメリットといえます。ただ，特定の筋だけが使われ通常の動作としては不自然でアンバランスにもなりかねません。一方でポールを使っての筋トレは，負荷はバラバラですが，動きは自然な身体の動きなので通常の関連動作に使われる筋肉に負荷が掛かり，痛めにくい状態で日常動作を強化できるなどのメリットがあるといえます。そして，ポールは，ある程度の広さがあれば，室内・屋外で筋トレにもストレッチにも使えるのも魅力ですね。目的と状況に合わせて上手に利用していただきたいです。

Q 「健康経営アドバイザー（初級）」を取得されて，今後の具体的な計画がありましたら教えてください。

A 今年は地域の中小企業の方が集まる会などに積極的に参加する予定です。中小企業経営者に，健康経営の知識と大切さを伝えていくとともに，当院としては来院を中心に「企業が治療費を何割か負担する」などの形で使ってもらえないか，提案していこうと考えています。

Q 最後に，「健康経営アドバイザー（初級）」としての展望をお聞かせください。

A 私は，健康は本来自分で守るものだと考えています。なので，各人が自立して行う方向に持っていけるのが一番だと思います。そして，鍼灸は，患者さんの心身だけではなく生活環境まで含めて診る治療法です。この知見は，健康経営をアドバイスするのにも非常に活かされることと思っています。

Q 調子が悪くなってから杖を使うのではなく，元気なうちに杖（ポール）を使っていく，ということですね。

A そうですね。杖を使うのも片方だと姿勢が悪くなったり，筋肉への負担が偏ってしまいますので，ポールのように両方でつくことで姿勢のよさを保った運動ができます。「ノルディックウォーク」発祥の地のフィンランドでもスポーツ医科学者から「最も簡単で運動効率が高い全身運動」といわれています。

　日本では近年ノルディックウォークの普及が広がり始めているところで，「メディカルノルディックウォークステーション」などもできており，積極的に携わっていきたいですね。

第3部 中小企業でもできる健康経営の現場の声

第3部を終えて

　今回，本書を作成するにあたり，3つの切り口からそれぞれの現場のお話を伺うことができました。最初は，中小企業診断士として健康経営を推進するために普及活動と企業支援をしている横小路先生，次に，健康経営を実際に実践している企業として日本テクノロジーソリューション株式会社の岡田社長，最後に健康経営の推進を側面からサポートするFUJIMARU DESIGN STUDIOの藤丸氏と馬場氏，田村はり治療院の田村氏でした。

　横小路先生は，ご自身が健康経営に携わるきっかけから，これから健康経営を支援するコンサルタントへのエールにも近い形での心構えをお話しいただきました。健康経営導入支援を企業支援のオプションメニュー的なものではなく，企業への経営戦略支援の本家本流と位置づけ，導入と継続に向けて知恵を絞り，企業が発展していくために健康経営はあるとご指摘いただいたことが印象的でした。

　岡田社長は，企業を発展させていく過程でご自身の経営理念を明確にして，その浸透化を図った際に，健康経営がその大事なツールとしてあった，という展開でした。何よりも健康経営を導入することで，企業の本分である儲かること，組織が活性化するということを断言されている迫力のあるインタビューでした。無理に導入して形だけで成果目標ではなく，自然体で導入することの重要性とそもそも企業経営の在り方を，私たちに明確にしていただいたことには本当に感銘を受けました。

　藤丸氏と馬場氏は，お二人が健康というキーワードにはもともと感度が高いという素地のもと，オフィス空間を快適にするためにデザインの力で貢献したいという強い想いで仕事に取り組んでおられました。その形の具現化として「運動家具　Daily Tempo」という新たなコンセプトを打ち出し，健康だけでなく社内コミュニケーションのツールとしてオフィス家具を考えるという発想がユニークでした。

　また田村氏は，「健康あってこそ」というご自身の体験から現在の治療院を開業し，さらにはノルディックウォーキングという日本ではまだ認知度が高く

ないスポーツ普及を通じて,「健康経営」へ意識を高め理解の裾野を広げる活動をされていました。また両者とも「健康経営」を浸透させるために,「健康経営アドバイザー（初級）」を取得するといった積極性も特筆できます。

　「健康経営」を日本全国の多くの企業に浸透させていくことは,少子高齢化で労働人口減少に対しての働き方改革の一環として,アブセンティーズムだけでなくいかにプレゼンティーイズムへ視点を持っていき,健康に働くことが生産性を高め,よい成果を生み出していくという正のスパイラルに持っていくかにあります。さらに,国の財政状態を考慮すると待ったなしの部分もあります。2014年現在で日本の企業の99.7％が中小企業であり,それは日本労働人口の4分の3以上がここに集中しています。だからこそ,この普及には中小企業が本気で取り組まないと,効果が十分にはなりえません。

　この「健康経営」を中小企業へ浸透させていく方法論として,これらの4つのインタビューを通じてさまざまな角度からのヒント満載のインタビューだったと思います。それぞれの方々がそれぞれの分野での活躍を心より祈念をしています。

筆者プロフィール(執筆章順)

秋島　一雄(あきしま　かずお)
株式会社IAC代表取締役。中小企業診断士／キャリアカウンセラー／健康経営アドバイザー(初級)。
大手総合商社で海外駐在3か所を含む営業10年海外業務5年，半導体メーカーで5年の経験後に独立。現在は，東京商工会議所のコーディネーターとして中小企業支援のほか，全国の商工会議所・中小企業大学校での講師や産業能率大学での企業研修講師も務めている。

大嶋　謙一(おおしま　けんいち)
中小企業診断士／健康経営アドバイザー(初級)。
都内の製造業，商業を中心とした経営相談及び創業コンサルに従事。
著書は「TOKYO＋(プラス)ひときわ輝く商店街(同友館)」など。

木村　清香(きむら　さやか)
中小企業診断士。三菱東京UFJ銀行にて法人営業と企画業務に従事した後，外資系コンサルティングファームにてコンサルティング業務に従事。
財務分析，ロジカルシンキング，プレゼンテーションに関する研修を行うほか書籍・雑誌の執筆などを行っている。

末廣　秀樹(すえひろ　ひでき)
有限会社東京コンサルアイ代表。中小企業診断士／産業カウンセラー／健康管理士一般指導員／健康経営アドバイザー(上級)。
バックパッカー(15カ国)を経て，情報システム企画・設計・開発・運用に従事。有限会社東京コンサルアイを設立して独立。
組織開発支援，新事業開発支援，ファシリテーション研修，リーダーシップ研修，「はじめての健康経営実践コース(日本マンパワー)」ほか，書籍・雑誌の執筆などを行う。

仲光　和之（なかみつ　かずゆき）

株式会社ソウルスウェットカンパニー代表。中小企業診断士／健康経営アドバイザー。
電気工事会社にて現場監督，不動産管理会社で事業企画業務に従事，技能承継や旧来型業務のIT化推進に携わる。
その後独立し，現在は経営コンサルタントとして生産性改善，事業計画策定，技能承継に関する支援や，健康経営や創業，仕事の段取り力向上に関するセミナーを行っている。

宮本　遙（みやもと　はるか）

中小企業診断士。
生命保険会社にて，新規事業企画，事務システム企画を経て，人事制度設計に従事。
中小企業診断士として，書籍・雑誌の執筆や経営者に対する助言支援を行っている。

吉崎　明彦（よしざき　あきひこ）

中小企業診断士。
映像コンテンツ関連ベンチャー企業にて経営企画業務に従事した後，小規模出版社の執行役員管理本部長を経て，大手映像制作会社においてグループ全般の財務・経理業務に携わる。
中小企業診断士資格取得後は，主に創業希望者・小規模事業者に対して，事業コンセプト立案から資金調達・補助金獲得までトータルな支援を行っている。

和田　純子（わだ　じゅんこ）

和田純子中小企業診断士事務所　代表。中小企業診断士，事業承継士。
新築マンションのPRドキュメント作成に8年間従事した後，中小企業診断士として独立開業。
専門分野は，事業承継支援と後継者育成。女性の感性を活かした優しく寄り添う丁寧なスタイルで，経営コンサルティング，講師業，執筆などを行っている。

著者との契約により検印省略

平成30年12月20日　初版第1刷発行

健康経営はあなたの
会社を強くする！

著　者　秋　島　一　雄
　　　　大　嶋　謙　一
　　　　木　村　清　香
　　　　末　廣　秀　樹
　　　　仲　光　和　之
　　　　宮　本　　　遙
　　　　吉　崎　明　彦
　　　　和　田　純　子
発行者　大　坪　克　行
印刷所　税経印刷株式会社
製本所　牧製本印刷株式会社

発行所　〒161-0033 東京都新宿区
　　　　下落合2丁目5番13号　　株式会社 税務経理協会
　　　　振　替 00190-2-187408　　電話（03）3953-3301（編集部）
　　　　ＦＡＸ（03）3565-3391　　　　 （03）3953-3325（営業部）
　　　　URL　http://www.zeikei.co.jp/
　　　　乱丁・落丁の場合は，お取替えいたします。

Ⓒ　秋島・大嶋・木村・末廣・仲光・宮本・吉崎・和田　2018　　　Printed in Japan

本書の無断複写は著作権法上での例外を除き禁じられています。複写される
場合は，そのつど事前に，（社）出版者著作権管理機構（電話 03-3513-6969，
FAX 03-3513-6979, e-mail : info@jcopy.or.jp）の許諾を得てください。

JCOPY ＜（社）出版者著作権管理機構　委託出版物＞

ISBN978-4-419-06578-2　C3034